NORBERT GLAS

Gefährdung und Heilung der Sinne

J. CH. MELLINGER VERLAG · STUTTGART

Dr. Walter Johannes Stein (1891—1957)
in dankbarem Gedenken gewidmet

4. Auflage 1994

ISBN 3-88069-160-6
Druck: Wiener Verlag, Himberg bei Wien
Printed in Austria

EINLEITUNG

Es scheint für alle Lebensalter der Menschen eine immer mehr wachsende Krisis zu drohen und der aufmerksame Beobachter sieht viele Ursachen für diesen Zustand in dem großen Unverständnis, das man den wirklichen Bedürfnissen des Gegenwartsmenschen entgegenbringt.

Dem kleinen, etwa vier Jahre alten Knaben sagt die Mutter, die das Kind vom Toben nicht abbringen kann, als sie sich bemühte, es zu Bett zu bringen: „Was hast du gestern gesehen? Kleine Krokodile hast du im Television gesehen, wie sie aus den Eiern ausgekrochen sind!" Und tatsächlich erinnert er sich an gestern, vergißt sein Toben und läßt sich ausziehen.

In einer Klasse von zehn- bis elfjährigen Kindern hat einer dem Großvater Geld aus der Brieftasche genommen. Er bringt Geld zur Schule und beginnt einen abscheulichen Handel unter allen Kindern. Ein Kaufen und Verkaufen geht in der Klasse an, kein Lehrer kann mit den unruhigen Schülern fertig werden. Sie haben ihr Gleichgewicht durch ihr Interesse an den Geld-Geschäften, die, wie auf der Börse, zu Gewinn und Verlust führen, vollkommen verloren.

In einer Schule — und deren gibt es natürlich noch viele andere — will ein Lehrer den Sechzehn- und Siebzehnjährigen Verständnis für Musik beibringen. Was tut er? Er verschafft sich möglichst viele Grammophonplatten klassischer Stücke und läßt da die Halbwüchsigen hören, was sie übrigens ohnedies meist schon im Radio vernommen haben.

Die Zwanzigjährigen — diese Leute können aber sowohl etwas jünger, wie auch viel älter sein — werden dazu gebracht, sich an den tollsten Tänzen zu begeistern. Durch den aufreizenden Rhythmus treibt man sie zu den verdrehtesten Gliederverrenkungen. Der Zweck solcher Tänze ist erreicht, wenn die niedrigen, zerstörerischen Triebe aufgeweckt sind und die jungen Menschen außer Fassung geraten; sie wissen schließlich kaum mehr, was sie tun. Sie bewegen sich wie geschüttelte Gliederpuppen und lieben es, gröhlende Laute dabei auszustoßen.

Den ernsten Medizinstudenten werden die Operationen in farbigen Television-Vorführungen geboten. Diese Methode ist in Amerika eingeführt, in Europa findet man es einen ungeheuren Fortschritt, daß auch wir an solchen Segnungen im Unterrichte teilhaben dürfen. Wien, das so stolz auf seinen alten medizinischen Ruf ist, hofft offenbar auch, seine Stellung wieder zu erobern; es hat — durch eine amerikanische Freigebigkeit — angeblich als erste Universitätsstadt in Europa jetzt die Möglichkeit gewonnen, den künftigen Ärzten Operationen vorzuführen — ohne daß die Studenten auch nur in irgendwelche tatsächliche Berührung mit dem operierenden Arzt oder gar dem Patienten zu kommen brauchen.

Die noch etwas Älteren, eben in einen Beruf Eintretenden fühlten sich bedrückt und gleichzeitig überwältigt von Bewunderung für die verschiedensten automatischen Apparate. Man sieht in diesen die hauptsächlichsten, sichersten und mit der Zeit auch billigsten Arbeiter der Zukunft. Die können nicht aus sozialen Gründen streiken oder besondere Fürsorge-Ansprüche stellen.

Diese wenigen angedeuteten Beispiele zeigen schon ganz klar die Tendenz der Zeit: die immer radikalere Ausschaltung des wirklichen Menschen und der Natur. Ist es da verwunderlich, daß man mit den Problemen, die einem die Kinder aufgeben, nicht fertig wird? Daß die Kultur der Menschheit in eine Sackgasse geraten ist und daß die Menschen selbst, die sozusagen die Verantwortung für das Leben der Völker auf sich genommen haben, nur eine letzte Lösung haben: Vernichtung der Andersdenkenden? Meist wird deshalb nicht losgelegt, weil niemand weiß, ob der andere nicht doch noch furchtbarere Waffen bereit hat, als man selbst.

Nur eine Besinnung auf das menschliche Wesen selbst kann eine Rettung aus diesem Chaos bringen.

Aus wievielen Schriften Rudolf Steiners sieht man die Warnung vor den Katastrophen, in die die Menschheit schon seit langem hineinsegelt! Aber seine warnenden Worte haben nicht genug willige Ohren gefunden. Und so kam es zum ersten und zum zweiten Weltkrieg, und die wirklich ersehnte Besinnung ist nicht eingetreten. Ja, man hat manchmal den Eindruck, als würde die Entwicklung noch viel schneller als bisher zu einem Untergang treiben wollen.

Von Rudolf Steiner haben wir aber auch gelernt, daß, trotz allen Unglückes, die Menschen sich retten können, wenn sie nicht müde werden, an sich selbst zu arbeiten; dann werden sie aus dem Geiste heraus andere Lösungen bringen als sie es heute aus einem heruntergekommenen materialistischen Denken vermögen.

Jahrzehnte nach dem Tode des großen Geisteswissenschafters zeigt sich, daß er im weitgehendsten Maße die Tragik unserer Zeit vorausgesehen hat.

Warum dürfen wir nicht auch das Zutrauen haben, daß sich die Zeiten zu unserem Heile wenden können — wenn wir, im Sinne einer inneren Entwicklung — das Richtige tun; denn auch dies läßt sich aus jeder Zeile Rudolf Steiners wie eine Zukunftsprophezeiung erraten.

Die hier vorliegende Arbeit hat nur den einen Wunsch: den Lesern zu zeigen, wie wichtig es für die Entwicklung jedes einzelnen ist, die Sinne von Kindheit auf natürlich zu entfalten. Diese Betrachtung ist aber nur möglich geworden auf Grundlage jener ganz neuen Lehre von den zwölf Sinnen, wie sie von Rudolf Steiner gegeben wurde. Seine „Lehre vom Menschen", die „Anthroposophie", will uns ja dazu verhelfen, wirkliche Erdenbürger zu werden, ohne den wichtigen Zusammenhang mit einer geistigen Welt zu vernachlässigen.

Eine gut durchdachte Sinneslehre kann mit ein Weg sein, uns dies nicht vergessen zu lassen. Alles, was uns die Sinne übermitteln, hat seinen *physischen* Hintergrund, gehört also dem Materiellen wirklich an — aber es greift zunächst immer in das unsichtbare Reich des Lebendigen über. Was das Auge uns übermittelt, gehört einerseits der physischen Erscheinungswelt an — aber es bringt sofort etwas in uns herein, das Licht, ohne das unsere Lebenskräfte sehr einschneidend getroffen werden. Und so ist es mit allen unseren

Sinnen; sie greifen sofort in das Reich des Lebens und Wachsens über.

Aber gleiches gilt auch für unsere Seelen- und Geisteskräfte. Was unser Geist denkt, unsere Seele erlebt, hat unmittelbar seinen Einfluß auf die Lebensregungen unseres Organismus. So wird das Sinnesorgan auch von der Seelenseite direkt betroffen; denn das von Freude erregte Menschenherz spiegelt sich im Glanze eines Auges wider!

I.

TASTSINN

Um den Tastsinn zu verstehen ist es wesentlich, darauf hinzuweisen, daß die Tastempfindung selbst einen außerordentlich komplizierten Vorgang umfaßt. Und zwar wird es an diesem Sinne klar, daß wir alle „Neuigkeiten", die er uns übermittelt, nur dadurch empfangen, daß sich feinere und gröbere Verschiebungen, vor allem im Bereiche unserer Körperoberfläche, abspielen. Das Hauptorgan für die Tastempfindung stellt unsere Haut dar. Ein verhältnismäßig kleiner Teil der Schleimhäute, z. B. des Mundes, besitzt ebenfalls noch wie unsere Haut die Fähigkeit des Tastens. Lippen und Zunge sind sogar sehr empfindliche Tastwahrnehmer. Immer erfordert aber das Tasten eine feinere oder gröbere Bewegung, bei welcher der äußere Gegenstand in innigen Kontakt mit dem wahrnehmenden Organ gebracht werden muß. Die Bewegung ist deshalb nötig, weil nur auf diese Weise eine gewisse Verschiebung der Haut oder Schleimhaut bewirkt wird. Damit zeigt sich aber sofort, daß die gewonnenen Erfahrungen, die der Tastsinn übermittelt, zunächst nur solche sein können, die sich ganz in unserer eigenen körperlichen Region abspielen; aber wichtig wird für uns erst, wie wir die Bewegungen unserer Haut oder Schleimhaut deuten. Anfangs wird es gleichsam ein Rätselraten, zu dem uns die Tastberührung mit einem äußeren Gegenstande aufruft. Physiologisch wird man leicht erkennen, daß diese Erfahrungen zunächst bedingt sein werden von der Feinheit des sensitiven Nervensystems, dem es möglich gemacht wird, für die oft ganz geringen Grade von Bewegungsverschiebungen empfindlich zu bleiben. Man denke bloß daran, wie klein diese Bewegungen sein müssen, wenn wir imstande sind, bereits die Berührung eines ganz dünnen Haares auf der Haut, und noch deutlicher auf der Zunge, zu spüren. Noch erstaunlicher ist die Fähigkeit des sogenannten Ferntastsinnes. Menschen haben die Fähigkeit, mit der Haut ihres Gesichtes zu spüren, sobald sie sich im Dunkeln einer festen Wand nähern. Wahrscheinlich fühlen sie auf der zarten Haut des Antlitzes die durch das Herankommen verursachten leisen Druckschwankungen der Luft. Offenbar vermitteln dies die Härchen an der Oberfläche. Daran ist nicht zu zweifeln, daß zu einem guten Tastempfinden ein sehr zart entwickeltes Nervensystem gehört. Das bewundernswerte „Fingerspitzengefühl" eines Uhrmachers z. B. zeigt das unmittelbar. Dies ist die eine Seite des Erkenntnisprozesses, der sich bei jeder Sinneswahrnehmung abspielt: das Sinnesorgan wird auf eine bestimmte Weise erregt und der Prozeß leitet sich durch das Nervensystem nach innen. Die andere Seite besteht aber darin, daß wir in uns, durch unser Denken, den Begriff des Gegenstandes finden, den wir tasten. Wir können aber klar einsehen, wie sich ein sehr lebendiges Denken fortwährend abspielen muß, damit wir so subtile Bewegungsverrückungen im Gebiete unserer Haut sofort zu enträtseln vermögen. Es hat sogar ein sehr „gescheites" Denken zu sein, das sich in uns abspielt; denn wir gewinnen im Tasten unsere Erkenntnisse bloß aus den Verschiebungen unserer Haut. Wir nehmen also im Grunde genommen nur uns selbst wahr im Tasterlebnis. Das ist von besonderer Bedeutung am Anfang unserer Entwicklung. Denn das Ich beherrscht in früher Kindheit den Körper noch lange nicht. Unsere „Incarnation" oder „Einkörperung" besteht ja überhaupt darin, daß die Persönlichkeit des Menschen nach und nach von dem Leibe Besitz ergreift. Zu den Aufgaben des Tastsinnes gehört es, in der Frühzeit besonders, daß ein ganz kleines Kind lernt, immer deutlicher und deutlicher sich in sich selbst zu erfühlen. Am stärksten reagieren vom Anbeginn die Lippen auf einen Berührungsreiz. Der sogenannte Saugreflex wird sofort auch bei leisem Betasten der Lippen im Säugling ausgelöst. Es ist eine große Hilfe für das Kind, sich auf solche Weise im Inneren zu erfühlen; dadurch wird ein Wohlgefühl hervorgerufen. Das Gefühl, das dabei entsteht, kann etwa mit dem Empfinden verglichen werden, das jemand hat, der sich z. B.

nach einer innerlichen Anstrengung erkraftet fühlt. Er ist dann er selbst. Das Kind ist aber fortwährend erst auf dem Wege, es selbst zu werden. Die Sehnsucht nach dem Tasterlebnis beschränkt sich in dem Säuglingsalter nicht nur auf das Lutschen und die ganz selbstverständliche Sucht, alles in den Mund zu stecken — in dessen Bereich eben die größte Empfindlichkeit für das Tasten vorhanden ist. Auch die Fingerchen des Kindes sind immer bestrebt, alles zu berühren. Dies erstreckt sich noch auf lange Jahre hinaus, wird aber leider vom Erzieher nicht immer so verstanden, daß im Angreifen der Dinge in dem werdenden Menschen sich das Suchen nach seinem eigenen Wesen auslebt. Bei einer gesunden Erziehung wird man aber darauf achten, daß die Kinder nach dem ersten Halbjahr das Daumenlutschen allmählich aufgeben. Denn wenn diese Art sich zu spüren zu lange vorwaltet — also etwa über das erste Jahr hinaus —, vernachlässigt ein Kind einen Teil der übrigen ihm möglichen Tasterlebnisse. Für den Säugling hat es eine große Bedeutung, sich selbst an seiner Körperoberfläche zu empfinden. Deshalb ist die altmodische Art, Kinder in den ersten Monaten fest zu wickeln, gar nicht zu verachten. Dies braucht nicht übertrieben zu werden, aber es ist bestimmt sinnvoller als die oft schon in den ersten Monaten zu losen Kleidchen der jetzigen Zeit. Selbst der Erwachsene hat noch das Bedürfnis, sich in eine Decke fest einzuhüllen, um sich — wie das vor dem Schlaf nötig ist — von innen her ganz zu erfühlen.

Je mehr das Schulalter des Kindes heranrückt, um so mehr muß sich das Kind von jener Seite des Tastsinnes loslösen, die sich so intensiv auf das eigene Innere des Menschen richtet. Man muß genau berücksichtigen, daß in jeder Sinnesbetätigung, ja in jedem Sinnesorgan, zwei verschiedenartige Wirkungskräfte zu finden sind. Die eine Kraft, die sich vor allem dem eigenen körperlichen Erleben nach innen zuwendet, und die andere, die viel mehr auf das aktive Erfassen der äußeren Welt zustrebt. Dies tritt im Tastsinn klar zu Tage. Fragen wir uns, wie die zu ertastende Welt an den Menschen herankommt? Wir haben da zunächst die äußere Welt, die an unserer Oberfläche Verrückungen und Verschiebungen bewirkt. Diese Eindrücke werden von uns hingenommen, schreiben sich in uns ein und werden von uns in mehr passiver Art empfangen. Für all diese Tätigkeit, die ein Kind in den ersten sieben Jahren seines Lebens ausübt, braucht das Ich, das in den Körper vorstoßen will, immer jenen Leib, der ein Träger vererbter Kräfte ist. Denn bekanntlich erneuert sich erst nach sieben Jahren die körperliche Substanz, mit der das Kind ursprünglich geboren wurde. Rudolf Steiner nennt diesen Leib, an dem sich erst die Individualität ihren „eigenen", also nicht vererbten Körper heranentwickelt, auch das „Modell". Diese Hinorientierung des Tastsinnes auf die im Innern sich abspielenden Prozesse, steht noch stark im Banne der Erbkräfte. Das Kind, das — natürlich mit vollster Berechtigung — im Lutschen seiner Finger, im Abtasten aller Gegenstände sich innerlich so lebhaft erfühlt, hängt mit seinem Tastsinn noch völlig passiv an seinem vererbten Leib. Dieser wird zum Träger von Krankheiten und Krankheitsanlagen. Die meisten der sogenannten Kinderkrankheiten helfen, diesen Erbkörper abzustoßen.

Bis zum siebenten Jahre ist die stärkere Hinorientierung des Tastsinnes in der eben charakterisierten Art ganz berechtigt, nachher nicht mehr. Und so wird es zur Aufgabe einer richtigen Erziehung, die Kinder nach dem siebenten Jahre möglichst aus der vorangehenden Entwicklungsperiode herauszuführen. Man wird alles tun müssen, um solche Überbleibsel, die dann meist in Form von Unarten auftreten, zum Verschwinden zu bringen. Ehe darauf eingegangen wird, welche Methoden zur Überwindung dieser Überreste aus den eben zurückgelegten Jahren führen, sei zunächst beschrieben, welches die Zeichen aus der Vergangenheit sind, die beobachtet werden. Da gibt es vor allem die Kinder, die noch immer ihren Daumen lutschen oder einen Finger ständig in den Mund stecken, nachdem sie in die Schule eingetreten sind. Andere Kinder haben die Gewohnheit, fortwährend an sich herumzuzupfen. Manche pressen die Innenfläche der Hände gegen ihre Wangen. Ein gewisses gewohnheitsmäßiges Kratzen des Kopfes gehört auch hierher — natürlich nur dann, wenn nicht gerade eine Juckempfindung die auslösende Ursache ist. Ferner ist das Beißen der Haut der Fingerkuppe, das gar nicht so selten geübt wird, zu erwähnen. Auch das Nägelbeißen hat seinen Ursprung aus der vorangehenden Lebensepoche, in der das Kind mit allen Mitteln noch danach strebt, sich selbst physisch zu empfinden. Zu beobachten ist die Sucht vieler Kinder, alle möglichen Dinge in den Mund zu stecken, ihren Bleistift, das Lineal, den Pinsel. Das Bestreben, kleine Hautunebenheiten wegzukratzen, ebenso das Saugen an den Zopfenden bei Mädchen, die lange Haare tragen, sind Gewohnheiten, die alle denselben Ursprung haben. In manchen Kindern entwickelt sich das Verlangen, andere Kinder zu berühren und abzutasten. Manche Kinder haben sogar die Unart, alle erreichbaren Gegenstände, für die sie sich interessieren, abzuschlecken. Man sieht Kinder, die noch lange nach ihrem siebenten Jahre alles abtasten, was in ihrem Bereiche liegt, die Bank, die Wände, selbst Fensterrahmen. Ihre Hände zeigen dann immer wieder den entsprechenden Grad von Schmutz, wie oft sie sich auch waschen mögen.

In das gleiche Gebiet ist die Masturbation zu rechnen, die bei manchen Kindern oft ganz früh auftritt, wenn von irgendwelcher Beziehung zur Sexualität noch keine Rede sein kann.

Viele Gewohnheiten der Kinderzeit werden leider auch in das spätere Alter der Erwachsenen hinüber genommen. Beim Nägelbeißen ist es ja klar, aber mir scheint selbst die Lust, Kaugummi zu lutschen, hierherzugehören. Auch ist eine Komponente des Vergnügens beim Rauchen auf die verstärkte Tastempfindung an verschiedenen Körperstellen zurückzuführen; einerseits gibt nämlich das Halten von Zigarren und Zigaretten im Munde das angenehme Tastgefühl an den Lippen (beim Pfeifenrauchen spielt dies keine so große Rolle) und andererseits bedeutet das Einatmen des Rauches einen wohltuenden Tastreiz im Gebiet von Mund, Rachen und Luftröhre. (In dem vorliegenden Zusammenhange braucht die Nikotinsucht nicht erwähnt zu werden, weil diese einem anderen Gebiete als dem hier zu besprechenden angehört.) An dem Tastsinn zeigt es sich ohne weiteres, wie wir leicht dazu getrieben werden können, alles nur nach uns selbst zu beurteilen, eben nur, wie es auf unser Körperinneres wirkt. Wir geraten beim Tasten in die Gefahr, ganz im Subjektiven stecken zu bleiben. Das geschieht, wenn wir die Dinge, die wir abtasten, nicht anders hinnehmen, als es das kleinere Kind tut, nämlich: ist es angenehm oder unangenehm, die Wolle zu spüren, das kühle Metall zu betasten, die spitzige Schere zu fühlen?

Es sind vor allem zwei Eigenschaften, die in unangenehmer Weise durch den Tastsinn gefördert werden können: Egoismus und Neugierde. Dazu müßte eigentlich sofort hinzugefügt werden, daß es sehr auf das Alter ankommt, in dem wir den Egoismus und die Neugierde als eine mehr negative Charaktereigenschaft bezeichnen dürfen; denn vom kleinen Kinde — also unter sieben Jahren — können wir getrost sagen, daß beide Eigenschaften berechtigt sind, berechtigt entsprechend der angeführten Tatsache, daß ja das Kind vor der Schulzeit das Ich sehr stark in sein Körperinneres hereinführen muß, um den Leib aufzubauen. Es soll lernen, sich in der Berührung mit der Welt vor allem selbst innerlich zu spüren. Daher lebt es in dieser Zeit als ein berechtigter Egoist, wenn ein solcher Ausdruck erlaubt ist. Das Kind wird auch für gewöhnlich als egoistisch bezeichnet. Diese Eigenschaft nehmen die Erwachsenen — je nach ihrer Auffassung — mehr tadelnd oder mehr lächelnd hin. Am besten ist es aber wohl, diesen Egoismus bis zum siebenten Jahre nur als dic Folge natürlicher Entwicklung zu verstehen. Wird aber diese Art von Selbstsucht später nicht aufgegeben, so trägt ein Mensch in ein späteres Leben noch etwas hinüber, was dann eben keine Berechtigung mehr hat. Im Tastsinn kann der Egoismus deshalb so genau studiert werden, weil eben bei der Tätigkeit des Anfühlens, wie schon wiederholt erwähnt, immer zunächst nur das Empfinden des eigenen Körpers vorhanden ist.

Die Neugierde steht zum Tastgefühl, soweit sich dasselbe ausschließlich nur auf unsere Haut oder deren unmittelbaren Umgang bezieht, in enger Beziehung. Die Neugierde ist jener innere Trieb, alles betasten zu müssen und vor allem zu wissen, damit wir selbst darauf mit einer gewissen Wollust reagieren können. Dieses Berühren geht selbstredend dabei schon in einem weit übertragenen Sinn vor sich, hat aber seinen Ursprung in dem kindlichen Erleben beim körperlichen Angreifen. Wenn ich den Brief von jemand anderem nur lese, weil ich neugierig bin, so ist da das gleiche Element im Seelischen tätig, wie im Physischen beim Berühren. Wißbegierde ist unter Umständen etwas Selbstloses. Jemand forscht — wenn es richtig geschieht —, weil er eine Wahrheit erforschen möchte, die aber in ein ganz objektives Licht gestellt werden kann. Wie ich selbst dazu stehe, spielt keine wesentliche Rolle. Anders ist es bei der Neugierde, da will ich eigentlich in mir selbst das Vergnügen haben, das erlebt wird, wenn ich diese oder jene neue Nachricht auf mich wirken lassen darf. Das Kind ist auch neugierig und darf es bis zu seinem ersten Schuljahr sogar bleiben. Nachher aber muß sich die Neugierde wandeln; wie, wird noch zu besprechen sein.

Durch den Tastsinn reicht eigentlich die materielle, vor allem feste Außenwelt weitgehend an den Körper heran; sie läßt sich aber dort nur an den Verschiebungen der Oberflächenhäute feststellen. Es wird für unsere Betrachtung von größtem Interesse sein, daß ein anderer Sinn im völligen Gegensatz zu dem Tasten steht. Das ist der Sehsinn. Ohne daß noch an dieser Stelle das Sehen und seine Organe besprochen werden soll, sei auf wenige Züge aufmerksam gemacht, die mit den Funktionen der Augen in Zusammenhang stehen. Das Sehen hat vor allem mit Licht und Farbe zu tun, etwas an sich schon völlig Unmateriellem. Ferner dringt alles Sichtbare auf dem Vehikel von Licht und Farbe bis tief in das Organinnere ein. Wie wir selbst zu dem Bilde stehen, wie wir selbst auch organisch antworten, bleibt fast völlig im Unbewußten liegen. Das Subjektive im Sehen — die Gegenfarben, die im Auge entstehen —, kommt für gewöhnlich kaum über die Schwelle unseres Bewußtseins.

Zwischen Sehen und Tasten besteht ein wirklicher Gegensatz. Erlöschen des Augenlichtes führt zu einer fast unglaublichen Erstarkung des Tastsinnes. Sobald die Sehkraft schwindet, kann im Tastsinn ein direktes Ersatzorgan geschaffen werden. Für den Blinden wird das Tastgefühl der Fingerspitzen so gesteigert, daß sie fast die Stelle der Augen einnehmen können. Der Sehende liest mit diesen Sinnesorganen, der Blinde liest mit den Fingerspitzen. Was der Gesunde durch seine Augen wahrnimmt, versucht der Blinde im Tasten einigermaßen nachzuerleben.

Nun scheint ein ganz bestimmter Zusammenhang zu bestehen nicht nur zwischen dem Verlöschen des Gesichtssinnes und dem erhöhten Bewußtsein im Tastsinn, sondern auch in der Entwicklung des Gedächtnisses. Es gibt Fälle, daß Menschen mit dem Momente des Erblindens und der Neuentfaltung und Verstärkung des Tastsinnes plötzlich eine erstaunliche Erhöhung ihrer Gedächtnisfunktionen gewinnen. Als Beispiel könnte der bekannte Arzt und Rheumatismusforscher Dr. Fritz Guggi angeführt werden. Schon als fertiger Arzt verunglückte er und wurde vollkommen blind. Mit bewunderungswürdiger Energie brachte er es dazu, seinen Beruf auch weiterhin auszuüben. Er vermochte sein Tastgefühl außerordentlich zu verfeinern und erfand eine besondere Heilmassage. Gleichzeitig bemerkte er, daß sein Raumgefühl sich zusehends verstärkte. Ebenso verbesserte sich sein Gedächtnis ganz auffallend [1]).

Im Zusammenhang mit den anderen Sinnen gewinnen wir verhältnismäßig weniger bewußte Erfahrungen aus dem Tastsinne. Erst beim Ersterben des Sehsinnes, der besonders stark mit dem Bewußtseinserlebnis verbunden ist, erfahren wir den vollen Reichtum, der aus der Berührungsempfindung zuströmen kann.

Durch gewisses Üben gelangte Dr. Guggi sogar dazu, den Text ganzer Seiten im Kopfe zu behalten, die ihm aus wissenschaftlichen Werken vorgelesen wurden. Solche Experimente, die uns die Natur, oder auch das Schicksal, vormacht, können uns vielleicht wertvolle Erziehungshinweise bieten. Ein solcher Hinweis ist der folgende. Unter den Schulkindern trifft man immer wieder solche, die einem in bezug auf ihr Gedächtnis wie ein Sieb vorkommen. Sie hören im Unterrichte zu, sie sehen vielleicht in Bildform, was der Lehrer vorbringt —

---

1) Toscaninis Gedächtnis war außerordentlich gut. Es ist interessant, daß er sich in jungen Jahren gewöhnen mußte, wegen seiner sehr schwachen Augen, ohne Noten zu dirigieren. Er kannte schließlich alle Partituren vollständig auswendig.

aber im Nu ist alles wieder vergessen. Nicht selten sind dies besonders die sanguinischen Kinder — aber sie sind nicht die einzigen, deren Gedächtniskraft so oft versagt. — Ich glaube, daß man ganz systematisch versuchen sollte, solche Kinder in regelmäßiger Weise, vielleicht täglich durch 10—20 Minuten, mit verbundenen Augen eine Handfertigkeit üben zu lassen. Man könnte mit einfachen und allmählich immer komplizierter werdenden Flechtarbeiten beginnen. Später dürfen viel schwierigere Aufgaben gegeben werden. Der Klassenlehrer hätte dann sein Augenmerk auf solche Kinder mit besonders schlechtem Gedächtnis zu richten, um Fortschritte in der Merkfähigkeit der entsprechenden Schüler festzustellen. Wenn nicht ganz abnorme Fälle vorliegen, sind solche Übungen sicher nicht vor dem Ende des neunten Jahres zu empfehlen.

Ebenso sollte versucht werden, Kinder, denen Geometrie schwer fällt, mit geschlossenen Augen auf angegebene Ziele zugehen zu lassen. Dies könnte das geometrische Gefühl, das, wie Rudolf Steiner angibt, vor allem in den Gliedmaßen zu Hause ist, noch wesentlich verbessern. Wenn auch das Raumempfinden, wie noch später gezeigt wird, vornehmlich mit dem Gleichgewichtssinn verbunden ist, spielt auch das Tasten beim Wahrnehmen des Raumes eine bedeutende Rolle. Im Tierexperiment wurde dies oft nachgeprüft. Werden z. B. Katzen ihrer Schnurrhaare beraubt, dann wird ihr Gang im Dunkeln unsicher und sie stoßen leicht an [2]). Diese Schnurrhaare wirken zum Teil als Tastwerkzeuge, haben aber noch eine sehr nahe Beziehung zum Raum- und Gleichgewichtssinn. Auch im Menschen besteht, wie noch später gezeigt wird, eine gewisse Zusammenarbeit zwischen Tast- und Gleichgewichtssinn. Das Beispiel des erblindeten Arztes zeigte, wie die Auslöschung des Sehens nicht nur den Tastsinn zu ungeahnten Höhen bringen kann, sondern auch zum verstärkten Raumgefühl führt. Diese Tatsache kann an vielen Blinden, die mit erstaunlicher Sicherheit durch die Straßen von Städten wandern, studiert werden.

---

2) G. Schmidberger. Über die Bedeutung der Schnurrhaare bei Katzen, vgl. Physiologie 17 (1932) bei Buddenbrock erwähnt.

Bevor nun auf die Maßregeln eingegangen wird, die zur Überwindung jener negativen Seiten führen, die von einem zu starken oder zu einseitig entwickelten Tastsinn herrühren, sei nochmals an folgendes erinnert: die Tastempfindung verleitet den Menschen leicht dazu, viel zu große Aufmerksamkeit auf die eigene Körperlichkeit zu lenken. Man wird auch beobachten, daß jemand durch eine sogenannte „vornehme" Erziehung, durch übertrieben „feine" Lebensumstände seinen Tastsinn zu viel Einfluß auf den Leib gewinnen läßt. Die bewußte Karikatur auf eine solche Überempfindlichkeit des Tastsinnes ist in entzückender Form von Andersen in seinem Märchen „Die Prinzessin auf der Erbse" geschildert. Hier finden wir die Travestie auf einen aristokratischen, degenerierten Menschentypus, dessen Egoismus eben zu einem so überfeinerten Tastempfinden führt, wie bei dieser vom Dichter geschilderten „echten" Prinzessin.

Während also die eine Wirkung des Tastsinnes auf die Seele die ist, daß nur die auf sich selbst gerichteten Gefühle eines Menschen geweckt werden, kann in der Seele eine ganz neue Kraft entstehen. Die hier gemeinte Selbstsucht hängt mit der rein passiven Hingabe, z. B. der Prinzessin, an die Sinnesempfindung des Tastens zusammen. Ein Mensch vermag sich aber auch völlig anders zu verhalten. Er kann mit Absicht alles vergessen, was er persönlich bei der Tastempfindung spürt. Er löscht bewußt alles aus, wovon sein Leib bei der Berührung betroffen wird, ob sie Lust oder Unlust, Gefallen oder Mißfallen auslöst; dagegen bemüht er sich, nur hinzufühlen, was ihm die Berührung des Gegenstandes, der an ihn herangebracht worden ist, verrät. So kann die Neugierde in selbstloses Interesse umgewandelt werden, in die Ehrfurcht vor dem, was von außen empfunden wird. Und damit ist eine Art Erlösung von dem eigenen Egoismus gefunden. Diese Ehrfurcht soll aber aktiv gelehrt werden. Die Kinder müssen sie wirklich erschauen und erleben, sonst droht ihnen Selbstsucht und Neugierde alles zu verderben, was sie im Herzen gewinnen können. Wenn Ehrfurcht empfunden wird, wacht in der Seele eine Tätigkeit auf, die nun von innen nach außen einen Strom lebendiger Kräfte leitet, die. besonders im nachkindlichen Leben, gerade durch Egoismus und Neugierde herabgedämpft und gestört werden. Mit der Pflege von Ehrfurcht spendet die Seele Leben und Wachstum dem ganzen Menschen, während die entgegengesetzten bösen Eigenschaften Vernichtung bringen.

Goethe, der echte Erzieher der Menschheit, mußte daher die Ehrfurcht für die Entwicklung als besonders wichtig hervorheben und wollte sie für die Pädagogik bewußt gepflegt sehen. Wen dies interessiert, der braucht ja nur „Wilhelm Meisters Wanderjahre", zweites Buch, erstes Kapitel, zu lesen. Wenn man sich erinnert, daß vorher ein Zusammenhang zwischen Tast- und Gleichgewichtssinn kurz erwähnt wurde, ist es sehr bedeutsam, wie Goethe von den drei Ehrfurchten spricht. Es fällt nämlich direkt auf, daß er die drei Ehrfurchten, soweit sie durch bestimmte Bewegungen geübt werden sollen, in das Räumliche verlegt. Er spricht ausdrücklich von drei Richtungen: von oben, unten, und dem (offenbar) horizontalen Umkreis. Hier wird das seelische Gleichgewichthalten ausdrücklich mit den Raumesrichtungen zusammengebracht.

Im Leben unserer Zeit fällt es besonders auf, wie wenig die Menschen diese Empfindung der Ehrfurcht pflegen. In den Schulen wird immer wieder darüber geklagt, daß die Kinder so wenig Respekt vor den meisten Dingen und Wesen zeigen. Wie ist dem erzieherisch am besten beizukommen? Wohl durch ein ständiges Üben des Tastsinnes in jener selbstlosen Weise, wie dies beschrieben worden ist. Bei jeder Handfertigkeit soll dem Kinde immer wieder bewußt werden, was es an dem Material erleben kann, mit dem es gerade arbeitet. Es lernt z. B. die Feinheit des echten Wollfadens spüren, dessen Wärme und Flaumigkeit. Es soll zum Unterschied davon die Kühle und Steifheit des Baumwollfadens abtasten. Das Kind muß wissen, wie sich das Holz anfühlt und auch da unterscheiden zwischen dem Holze der Eiche und der Birke, der Kirsche und der Kiefer. Jeder Unterrichtsgegenstand bietet immer wieder eine Gelegenheit, um Tastempfindungen zu pflegen. In der Botanik — auf welcher Stufe auch immer — kann unter anderem daran erinnert werden, wie anders sich etwa ein Birnenblatt anfühlt als ein Salbeiblatt, der Stengel einer Schwertlilie als der Stengel eines Schachtelhalmes. Oder in der Mineralogie wird eingehend darauf aufmerksam gemacht werden müssen, wie sich ein Bergkristall angreift, ein Stück Schwefel, ein Pyritkristall, oder ein gewöhnliches Stück Glas. Wenn dann Kinder die Gegenstände anfassen, so geschieht es nicht aus jener Unart heraus, die früher beschrieben worden ist, sondern aus wahrem Interesse für die Welt. Auch in jedem Tierkunde-Unterricht könnte das Augenmerk darauf gerichtet werden, wie anders sich zum Beispiel das Fell eines Schäferhundes oder eines Pudels, eines Bernhardiners oder einer Angorakatze anfühlt. Wenn der Lehrer sich nur daran erinnert, findet er leicht zahlreiche Gelegenheiten, um solche Eigenschaften zu besprechen. So kann ein Wesen zum Tasten erzogen werden, um für das ganze Leben die Eigenschaft der Ehrfurcht leichter in sich wachsen zu lassen. Es ist auch klar, daß solche Menschen, die, gerade aus ihrem Schicksale heraus, gezwungen sind, den Tastsinn zu pflegen, es leichter haben werden, gewisse Ehrfurchten zu entwickeln. Die großen Instrumental-Musiker, die wirklich mit dem feinsten Tastgefühl ausgestattet sein müssen, um z. B. einer Violine den schönsten Ton zu entlocken, diese Menschen zeigen so häufig eine große Ehrfurcht vor anderen. Auch ein Bildhauer, der das richtige und feine Materialgefühl haben muß, bildet in sich alle Vorbedingungen aus, um Ehrfurcht in der Seele zu entwickeln. So kannte ich einen Plastiker, der die Gewohnheit angenommen hatte, auf der Straße seinen Hut zu lüften, wenn er den Namen eines von ihm verehrten Künstlers aussprach, bei gewissen Persönlichkeiten beugte er sogar immer das Knie.

Geht Kindern dieser Respekt vor der Welt und die Ehrfurcht besonders ab, empfiehlt es sich, ihren Tastsinn besonders zu üben. Will man dies in hohem Ausmaße tun, so kann man sie mit verbundenen Augen Handarbeiten machen lassen. Ein derartiger Unterricht, wie er auch bei den für Geometrie unbegabten Kindern und solchen mit schwacher Gedächtniskraft bereits anempfohlen wurde, sollte auch bei den Ehrfurchtslosen regelmäßig versucht werden.

Wieso in unserem Zeitalter die Gefahr besteht, daß die

Menschen mit immer geringerer Fähigkeit zur Ehrfurcht aufwachsen, hängt wahrscheinlich nicht zuletzt mit der Vernachlässigung unseres Tastsinnes zusammen. Gemeint ist hier jener Teil des Tastsinnes, der gerade zu der seelischen Aktivität aufrufen soll. Die mangelhafte Pflege aktiven Tastens hängt weitgehend mit unserem ganzen Kulturzustande zusammen. Das Material, die Stoffe, mit denen ein heutiger Mensch zu tun hat, ist doch erstaunlich anders geworden gegen die Substanzen, mit denen man noch ein Jahrhundert vorher zu tun hatte. Früher war der aus der Natur gewonnene Stoff mit uns verbunden. Wessen Haut kommt heute mit wirklicher Seide in Berührung? Sind nicht für viele Menschen Nylonunterwäsche und Nylonstrümpfe das Ideal? Ferner umgibt uns auch überall ein Meer von jenen Dingen, die alle aus Plastik gemacht werden. Holz, die wunderbar lebenswarme Materie, wird verdrängt und verschwindet immer mehr. Das Spielzeug der Kinder ist fast vollkommen von Plastik verdrängt. Die Puppenmöbel sind nicht mehr aus Holz, und im Spiel greifen die kleinen Finger fortwährend auf die kühle, leichte und leere Substanz dieses künstlichen Materials. Das Tischtuch wird meist nicht mehr aus Leinwand gewoben, sondern besteht, besonders bei ärmeren Leuten, aus Plastik. Natürlich wird gesagt werden, dies sei billiger und man könne dies leichter reinigen; aber von dem Standpunkt der hier vertretenen Sinneslehre wirkt es verheerend, weil den Lebenskräften des Menschen, denen der Tastsinn sich öffnen soll, keine Nahrung zufließt. Als eine Folge davon bleibt die Seele passiv und statt der Welt Ehrfurcht entgegen bringen zu können, wird der Egoismus und die bloße Neugierde geweckt.

Überschaut man im übersichtlichen Zusammenhange, was bisher über den Tastsinn vorgebracht worden ist, dann kann verstanden werden, wie dieser Sinn deutlich nach zwei Richtungen hinführt, sobald sein Einfluß auf die Seele berücksichtigt wird. Bleibt nämlich der Mensch vorwiegend an dem haften, was nur der Körper aus dem Tastsinne gewinnt, so ergibt sich außer Krankheit nur noch etwas wie Eigensüchtigkeit und Neugierde. Insofern aber der wohlgestaltete und übende Tastsinn die innere Ehrfurcht für die übrige Welt aktivieren soll, wird es möglich, durch den Tastsinn sich auch dem Höchsten zu öffnen. Damit nähern wir uns aber einem Verständnis für den bedeutsamen — aber zunächst so rätselhaften Satz Rudolf Steiners, den er über den Tastsinn ausspricht:

„Was da ins Innere hineinstrahlt, und was nach außen hin erlebt wird, ist nichts anderes als das Durchdrungensein mit dem Gott-Gefühl. Der Mensch würde, wenn er keinen Tastsinn hätte, das Gott-Gefühl nicht haben [3])."

---

3) „Die zwölf Sinne des Menschen in ihrer Beziehung zu Imagination, Inspiration und Intuition" Dornach, 8. August 1920. Philos.-Anthropos. Verlag am Goetheanum, Dornach, Schweiz 1938.

II.

LEBENSSINN

Der „Lebenssinn" gehört mehr zu den allgemeinen Sinnen; das will sagen, daß er zum Bewußtsein bringt, wie sich jemand als einheitlicher, ganzer Mensch empfindet und fühlt. Ebenso wie zunächst die heitere Laune, die einer hat, auf ein Allgemeinempfinden, aber nicht ohne weiteres auf ein bestimmtes Organ weist, ebenso läßt uns der Lebenssinn erkennen, was sich mehr auf unseren Gesamtzustand bezieht. Wohlgefühl und Unbehagen sind die beiden gegensätzlichen Empfindungen, durch die uns der Lebenssinn Nachricht gibt von unserem jeweiligen Zustand. Zwischen diesen Polen gibt es natürlich so viele Zwischenstufen, wie zwischen hell und dunkel. Beim Erleben im Lebenssinn kommt es immer besonders auf jene Kräfte an, die mit unserem Wachstum und Aufbau zu tun haben. Dies gilt aber in einer mehr allgemeinen Weise. Vielleicht wird dies am leichtesten zu verstehen sein, wenn man an die vielfältigen Säfte denkt, die unseren Organismus durchströmen, die Drüsenprodukte, die Lymphe, das Blut. Was sich da alles im Flüssigen abspielt, das muß sich fortwährend mischen und trennen, und doch ist immer innerhalb gewisser Grenzen ein Gleichgewicht nötig. Einmal müssen wir mehr Wasser zuführen, einmal weniger; Zucker muß gelöst werden oder Salz reduziert. Ebenso könnte aber auch von der in uns befindlichen Luft gesprochen werden, obwohl dies im gesunden Leben schon viel weniger bemerkbar wird. Eine gewisse Sauerstoffmenge muß dem ganzen Organismus geliefert werden. Die richtige Verteilung kommt uns für gewöhnlich gar nicht zu Bewußtsein, aber die gestörte, wie z. B. beim Asthma, macht sich sehr deutlich bemerkbar. Dasselbe gilt in gewissem Ausmaße auch von den Wärmeverhältnissen. Sind sie geregelt und fühlen wir Füße und

Hände nicht zu kalt, den Kopf nicht zu heiß, empfinden wir uns in bezug auf die Wärme wohl; ist dies aber nicht der Fall. sind z. B. die Gliedmaßen zu kalt, so ergibt dies einen Rückschlag auf unser Gesamtbefinden. Es muß ein gewisser Ausgleich in den verschiedensten Lebens-Prozessen vorhanden sein, um in uns Behagen hervorzurufen. Störung der Harmonie erzeugt in uns größtes Unbehagen, das wir selbst oft gar nicht begreifen. Der Lebenssinn teilt dem Menschen die Stimmung mit, in die er bei den physiologischen Vorgängen seines Körpers gerät.

In früher Kindheit ist dies viel leichter zu beobachten als in späteren Jahren. Ein Kind z. B., das gesättigt ist, wird oft zum friedvollsten Wesen, während es vor der Nahrungsaufnahme zum vollendeten Ausdruck der Unbehaglichkeit wird. Eltern und Erzieher sollten ablesen lernen, was ein Kind mit seinem Lebenssinn eben wahrnimmt. Es muß ein gewisses Gleichgewicht zwischen den Temperamenten, die in einem Menschen leben, vorhanden sein, damit der Lebenssinn imstande ist, eine Art von Behagen zu übermitteln. Ohne hier auf die von Rudolf Steiner so genau ausgeführte Lehre von den Temperamenten einzugehen (alles nähere ist durch reichliche Literatur nachzustudieren), sei hingewiesen, welche Bedeutung diese Temperamente für den Lebenssinn haben. An dem Beispiel vom Kinde, das Hunger empfindet, sei erläutert, wie die Nachrichten des Lebenssinnes auf das ganze Leben zurückwirken. Solange einigermaßen Harmonie zwischen den Säften des Organismus besteht, ist ein Wohlgefühl im Kinde, und ein Temperamentsausgleich möglich. (Obwohl natürlich immer ein Temperament stärker hervorzutreten pflegt.) Im Augenblick des Hungers wird sich aber gerade jenes Temperament besonders peinlich bemerkbar machen, das ohnedies von Natur aus schon stärker vorhanden ist. Das Unbehagen im cholerischen Kinde wird sich vielleicht in tobendem Schreien Luft machen, während das mehr melancholische Wesen auf sein Unbehagen mit Traurigkeit und stillen Tränen antwortet. Der Phlegmatiker, der sein Essen sehr liebt, lebt tief im Schmerz des Unbehagens und bleibt, von seinen Tränen unablenkbar, bis nicht die ersehnte Milch oder das erwünschte

Gericht auftaucht. Dagegen zeigt sich im ausgesprochen sanguinischen Kinde eine Rastlosigkeit, die zuweilen an eine milde Narrheit erinnern kann. Ermüdete, auch gelangweilte Kinder zeigen ähnliche Symptome. Der aufmerksame Lehrer hat also zu fragen: Warum fühlt sich dieses Kind so unwohl, welche Wellen schlagen aus dem Organismus so störend an den Lebenssinn heran? Erhält ein Kind am Morgen, bevor es in die Schule zu gehen hat, ein zu schweres Frühstück, so hat dies für den Unterricht oft sehr schädliche Folgen. In den westlichen Ländern, mehr als in Mitteleuropa, sind die reichlichen Morgenmahlzeiten leider eine Tradition und erweisen sich im Schulbetrieb besonders schädigend. Ein Mensch benötigt am Morgen lange Zeit, ehe er wirklich ganz zu sich gekommen ist. Zunächst erwacht er im Haupte, alles andere ist noch mehr oder weniger verschlafen. Mit sofortiger großer Nahrungszufuhr mutet man dem Körper mehr zu als er ohne Störung bewältigen kann. Die Folge davon ist, daß der Verdauungsvorgang zu viel in Anspruch genommen und überlastet wird. Das wirkt auf den oberen Menschen zurück, der sich im Wahrnehmungs- und Denkleben auswirken soll. Ein gefüllter Magen hat bekanntlich eine ablähmende Wirkung auf das Denken. Gerade am Morgen macht sich dies am stärksten bemerkbar. Bei Kindern hat das überreichliche Frühstück erfahrungsgemäß folgendes Ergebnis: Der Körper, noch halb schlafend, wird zur heftigen Verdauungsarbeit aufgerufen; die muß geleistet werden. Ein Schullehrer ist aber mit Recht am Morgen in seinen Forderungen an die Wahrnehmungs- und Denkfähigkeit der Kinder gerade besonders anspruchsvoll. Verdauung und Intellekt beginnen sich zu stören: der Lebenssinn verzeichnet diese Disharmonie und das Kind fühlt sich unbehaglich, erscheint unaufmerksam und widerstrebt dem Unterrichte. Ein Kind kann in den ersten drei bis vier Jahren des Unterrichts das Unbehagen, das vom Lebenssinn deutlich wahrgenommen wird, nur schwer überwinden.

Für die Schulzeit ist eine weitere Tatsache von größter Wichtigkeit. Unser Lebenssinn meldet mit genauer Deutlichkeit das peinigende Gefühl der Müdigkeit an. Nun gibt es

Kinder, die, aus verschiedenen Gründen, bereits übermüdet zur Schule kommen. Meistens zeigen sich dafür die folgenden Gründe: die Kinder haben zu wenig geschlafen. sind spät zu Bett gegangen; oder sie haben einen viel zu langen Weg zur Schule zurückgelegt; oder sie sind gezwungen, vorher auf dem Gute mitzuhelfen, wie dies auf Bauernhöfen, besonders im Frühling und Sommer, üblich ist. Solche Kinder, die ermüdet von der vorangegangenen Tätigkeit dem Unterrichte zuhören müssen, empfinden häufig ein Unbehagen in ihrem ganzen Lebensgefühl aufsteigen. Sie werden durch ihre Ungeduld für den Lehrer zu schwierigen Problemen, wenn er nicht genug vom Lebenssinn versteht.

Alle genannten Umstände führen oft in der Klasse zu Unruhe, Rastlosigkeit, Unaufmerksamkeit und verderben die gute Stimmung der Kinder. Während die erwähnten Gründe des gestörten Wohlgefühls außerhalb der Schule zu suchen sind, sollen noch zwei wesentliche Einflüsse erwähnt werden, die aus dem Unterrichte in der Klasse herrühren. Der Lehrer selbst kann es sein, der den Lebenssinn im kindlichen Organismus zu peinlichen Wahrnehmungen veranlaßt. Da ist einerseits die Übermüdung durch zuviel intellektuellen Stoff zu nennen und andererseits eine langweilige Art von Unterricht. Beides macht die Kinder in ihrem Gesamtfühlen unglücklich. Das Resultat ist auch hierbei Unruhe, Aufgeregtheit und Ziellosigkeit im Gemüte der Schüler. Für das spätere Leben wird es wichtige Folgen haben, wenn die Lehrer im Unterrichte den Lebenssinn so pflegen, daß Wohlbehagen und Gesundheitsgefühl in den Kindern ausgelöst wird. Wer die Pädagogik Rudolf Steiners studiert, wird finden, wie auf die richtige Beeinflussung des Lebenssinnes, ohne dessen ausdrückliche Erwähnung, ständig Rücksicht genommen ist. Hierzu gehört z. B. der regelmäßige Ausgleich von Ernst und Heiterkeit oder die möglichst harmonisierende Behandlung der drei Seelenfunktionen, Denken, Fühlen und Wollen, im Unterricht.

Für den Pädagogen ist es ganz besonders wichtig, auf den Lebenssinn seiner Schüler zu achten, weil diesem Sinn in seiner Art eine sehr allgemeine Bedeutung unter den Sinnen zukommt. In mancher Beziehung ist er vielleicht der allumfassendste, da er zu jedem der übrigen Sinne noch seinen speziellen Anteil hinzufügen darf. Für welche Sinne dieser Einfluß stärker oder schwächer hervortritt, hängt meist von der eigentümlichen Konstitution jedes einzelnen Menschen ab. In diesem Kapitel soll ja nicht viel vom Lebenssinn auf andere Sinne abgewichen werden. Trotzdem muß die Wirkung der übrigen Sinne auf den Lebenssinn berücksichtigt werden. Manchen Menschen erfüllt wunderbares Wohlbehagen im Anblick des Himmelsblau oder größtes Unbehagen in einem rotgemalten Zimmer. Was das Auge an Farbeneindrücken empfängt, wird wie ein Schatten vom Lebenssinn aufgefangen und gelangt auch auf dessen Bahnen in den Bereich seelischen Erlebens. Ähnlich wirken auch gewisse Töne auf das Allgemein-Empfinden zurück, ebenso Gerüche, denen ein Mensch ausgesetzt ist. Der Feinschmecker, dem der Speisegeruch von Delikatessen in die Nase steigt, fühlt sich wohlgefällig in seinem Lebenssinn angesprochen. Je lebendiger das übrige Sinnesleben ist, um so angeregter wird auch der Lebenssinn. Dies muß eigentlich ganz selbstverständlich so sein, wenn wir bedenken, daß uns dieser Sinn ständig darüber Nachricht gibt, was in unserem Leibe vor sich geht; also auch das, was sich in den übrigen Sinnen abspielt. Jenes mehr Unbestimmte, das wir im täglichen Leben die „Stimmung" nennen, ist eng verknüpft mit dem Lebenssinn. Zugleich wissen wir aber auch, daß die „Stimmungen" eng verbunden sind mit dem, was im Leibe vorgeht. Klar tritt dies am Morgen, beim Erwachen, zu Tage. In diesem Momente des Aufwachens kommt unsere Seele in den Organismus zurück und nimmt mit Hilfe des Lebenssinnes wahr, wie der Zustand des Körpers beschaffen ist. Der irgendwie kränkliche oder auch der altwerdende Leib läßt die Seele unter Schwierigkeiten hereinkommen. Da werden alle möglichen Hindernisse erlebt. Die Schultern schmerzen, die Arme sind schwer, die Augenlider werden nur widerstrebend geöffnet; oder ein übler Geschmack im Munde steigert sich zu unangenehmen Empfindungen im Magen, die sich bis zum Ekelgefühl steigern können; oder der Kopf fühlt sich dumpf und voll bis zur Schmerzempfindung, die die Konzentration erschwert; oder es kommt vor, daß einem fast jeder einzelne Muskel weh tut. Zahllose Schattierungen einer Morgenstimmung, die man vielleicht besser als die negative Morgenstimmung bezeichnet, gibt es und zwar vom jeweiligen Körperzustand ausgelöst. Für den Arzt wird es sogar sehr wichtig sein, von seinem Patienten zu hören, worin das morgendliche Unbehagen besteht. Der Lebenssinn bringt uns dies mehr oder weniger klar zu Bewußtsein. Manche Krankheit, auch kleinere Leiden, denen wir unterworfen sind, kündigen sich in solcher Form an. Welcher Erwachsene hat nicht schon diese Morgenerlebnisse gehabt! Geht man aber in der Beobachtung weiter, so werden merkwürdige Erfahrungen gemacht. Sobald wir uns nämlich diesen Elendsstimmungen nicht hingeben, sei es weil wir sie bewußt überwinden, sei es weil die Umstände es nicht zulassen (wenn wir etwa schnell aufstehen müssen, um unserem Beruf nachzugehen), verschwinden viele unserer Erwachensschmerzen im Drange der Tagesbeschäftigung. Unser bewußter Wille, den das Ich als sein Vehikel verwendet, kann vieles heilen, was sich am Morgen wie ein Krankheitsgespenst über uns ausbreiten möchte.

Ein einfaches Beispiel zeigt leicht, wie sich ein Leiden leise in unser Fühlen einschleicht. Eine ältere Frau war seit einigen Tagen beim Erwachen sehr deprimiert. Alles erschien ihr so bedrückend, und auch im Laufe des Tages wollte der dunkle Schatten nicht von der beschwerten Seele schwinden. Schließlich merkte sie, daß einer ihrer Zähne schmerzempfindlich wurde. Sie begab sich zum Zahnarzt, der den Zahn wegen einer Eiterung unter der Wurzel ziehen mußte. Als die Frau am nächsten Morgen erwachte, fühlte sie sich frei von jeder Depression und schloß selbst ganz richtig: es war nur der schlechte Zahn gewesen, der das Unglücksgefühl am Morgen verursacht hatte.

Die aus dem Leibesinnern kommenden Empfindungen, die uns der Lebenssinn anzeigt, haben oft ihre tiefen körperlichen Gründe. Der leibliche Zustand wirft seine eigentümlichen Reflexe in das menschliche Seelenleben. Man begeht oft den Irrtum, diese Gefühle als wesentlich für unsere Persönlichkeit zu halten und übersieht, was sich gleichzeitig im Organismus krankhaft vorbereitet. Dies ist deshalb möglich, weil oft viele Jahre, ja selbst Jahrzehnte, vergehen können, ehe die körperliche Grundlage eines solchen Leidens in Erscheinung tritt. Man trifft z. B. Menschen, deren Leben immer wieder beherrscht wird von der Neigung, sich über alles mögliche besondere „Sorgen“ zu machen. Die Besorgtheit beginnt z. B. damit, daß jemand sich immer unruhig fühlt, bis nicht das Kind von der Schule zu Hause ist; kommt es einmal zufälligerweise später, weil der Lehrer es nicht fortlassen wollte, ehe eine Aufgabe nachgeholt wurde, dann wartet schon die Mutter in völliger Verzweiflung mitten auf der Straße, um das Kind nur ja sofort bei seiner Ankunft zu erblicken. Die peinliche Unruhe im Inneren zaubert die unerhörtesten Bilder herauf, was alles hätte geschehen können. Immer wieder entdeckt aber so jemand einen äußeren Grund, warum er dieses Gefühl des Besorgtseins logisch ganz berechtigt in sich entwickeln darf. Fragt man einen so gearteten Menschen in England, warum er sich denn abquält, sagt er einem sofort: „Because I am a worrying creature“ — „Weil ich ein Geschöpf bin, das sich sorgt.“ Wie manche Leute — aus ihrem Erleben heraus vielleicht vollauf begründet — in ihrem Seelenuntergrunde über irgend einen Verlust ständig einen leise nagenden Schmerz fühlen, so spüren die sich sorgenden Naturen immer die „Besorgtheit“ als ein Unbehagen im Innern. Leute mit einer sogenannten „Krebspsyche“ leiden nicht selten an dieser Art von „Besorgtheit“. Es darf nicht übersehen werden, daß dieses „Sorgen“ ansteckend auf andere, die gar nicht dazu veranlagt sind, wirken kann. Das ist überhaupt eine bemerkenswerte Eigentümlichkeit des Lebenssinnes, daß sich sein Empfinden auf die in der Umwelt lebenden Menschen, besonders jüngere, überträgt. Ein Lehrer, der gesundes Wohlbehagen ausströmt, steckt mit Leichtigkeit auch die Kinder damit an.

Eine höchste Steigerung des Sich-Sorgens zeigen solche Krankheiten, die gewöhnlich unter die Zwangsvorstellungen und Zwangshandlungen zu zählen sind. Der Kranke ist nicht eher befriedigt, bis nicht eine bestimmte Handlung vorgenommen worden ist; bis z. B. nicht alle Türen dreimal sorgfältig am Abend zugeschlossen worden sind. Der Zusammenhang des Lebenssinnes mit einer solchen Krankheit offenbarte sich deutlich bei einem Kranken, der immer wieder sich die Hände waschen mußte. Er tat dies aus einer namenlosen Angst, daß er etwas beschmutzen könnte. Fragte man diesen Patienten am Morgen: „Wie geht es Ihnen", so gab er immer die gleiche Antwort: „Ich fühle mich furchtbar, sehr schlecht." Und dies war auch ganz richtig für ihn. In diesem Fall wurde das Übelbefinden ebenfalls am stärksten in den Morgenstunden gefühlt; im Laufe des Tages besserte es sich oft.

Die Unfähigkeit, das „Sorgen" zu überwinden und zu beherrschen, führt meist zu einem der quälendsten Zustände, denen wir ausgesetzt sein können — zur Angst. Die nehmen wir sehr deutlich mit dem Lebenssinn wahr. Sie ist der Gipfelpunkt eines Unbehagens. Dieser Tatbestand führt uns zu der Frage: wohin, in welches Organgebiet dürfen wir eigentlich den Lebenssinn verlegen? Nun wurde zwar angeführt, wie dieser Sinn ein allgemeiner ist. Er dehnt sich über unseren gesamten Organismus aus und wird auch, ganz allgemein über uns ausgebreitet, wahrgenommen. Eine aufmerksame Selbstprüfung verrät allerdings sehr leicht, daß man unwillkürlich viele Empfindungen, die von der Antwort des Lebenssinnes stammen, in das eigene Herz orientiert. Dies gilt sowohl für das Gefühl des gesunden Wohlbehagens, aber noch viel mehr für die Angst. Nun ist ja das Herz wie ein Sinnesorgan aufzufassen, zu dem und von dem in jedem Augenblicke des Lebens unser allgemeinstes, alles durchdringende Organ, strömt, nämlich das Blut. Rudolf Steiner sagt einmal ausdrücklich:

„Der Kopf nimmt unterbewußt durch das Herz wahr, was in den physischen Funktionen des Unterleibes und der Brust vorgeht ... so ist das Herz des Menschen in Wirklichkeit ein Sinnesorgan mit Bezug auf die angegebenen Funktionen. Der Kopf — namentlich macht es das Kleinhirn — nimmt wahr unterbewußt durch das Herz, wie das Blut sich speist mit den verarbeiteten Nahrungsmitteln, wie die Niere, die Leber usw. funktionieren, was da alles vorgeht im Organismus.

Dafür ist für das Obere des Menschen das Herz das Sinnesorgan ... [1])."

Diese Säfte des Körpers müßten im Blute zu einer gewissen Harmonie gekommen sein, noch ehe sie das Herz erreichen. Hat sich dieser Ausgleich noch nicht vollzogen, empfindet das unser Herz. Es ist einfach ungeheuer empfindlich für die Säftemischung im Blute, nimmt sie entsprechend wahr. Wie die Hormonmischung im Blute ist, wie die Produkte der innersecretorischen Drüsen dem zirkulierenden Blute beigemischt werden, dafür ist das Herz wahrscheinlich ebenso empfindsam, wie für das Wärmeelement selbst. Bekanntlich hat ja die alte Medizin — was auch Rudolf Steiner in seinem ersten Ärztekurs erwähnte — von der richtigen Säftemischung, der Krasis, und von der unrichtigen, der Dyskrasis, gesprochen. Das Herz ist nun besonders dafür begabt, dies wahrzunehmen. In der Angst, die ihr Zentrum gewöhnlich im Herzen hat, fühlen wir, wie das Blut in den Hals hinaufschlägt und wie etwas uns sogar die Kehle zuzuschnüren droht. Dieser verstärkte Herzschlag, den man bis oben in den Hals spürt, hat seinen Grund darin, daß wir mit den aus dem Stoffwechsel stammenden Säften, die noch nicht richtig harmonisiert sind, überflutet werden. Das Herz wird in dem Wahrnehmen dieser unteren Stoffwechsel-Ströme plötzlich überwältigt; zuviel drängt nach oben: im Hals fühlt man sich beengt, wie vom „Würgengel" umgriffen. Diese eigentümliche Angst überrumpelt sogar das Herz bis zu einem gewissen Grade, so daß das Herz seine organischen Grenzen, natürlich nur dem Gefühl nach, weit überschreitet. Das Herz mag zwar auch besonders empfunden werden — streckt aber sozusagen seine Fangarme der Empfindung weit höher hinauf, bis etwa in die Gegend der Schilddrüse. In dieser Region wird dann das stärkere Pulsieren der großen Gefäße gefühlt. Ähnliches wird aber auch erlebt, wenn außerordentliches Wohlbehagen und zu große Freude Gewalt über den Menschen gewinnen. In beiden Fällen — in Angst und Lust

---

1) (Die Anthroposophie und das menschliche Gemüt. Vier Vorträge von Rudolf Steiner. 27. 9. — 1. 10. 1923 in Wien. Philos.-Anthrop. Verlag am Goetheanum, Dornach, Schweiz. 1937.)

— schlagen die Wellen von unten her über die Grenzen des Herzens hinaus. Allerdings besteht der Unterschied, daß einem die „Herzensangst“ die Kehle zuschnürt, die „Herzensfreude“ uns aber befreit aufatmen läßt.

Es ist verhängnisvoll, wenn eine der beiden polaren Sinnesqualitäten, die vom Lebenssinne vorwiegend übermittelt werden, nämlich Wohlbehagen und Unbehaglichkeit, sich übersteigern. Im Seelenleben arten sie entweder in Angst, dem Gipfel inneren Unbehagens, aus, oder in unbeherrschte Lust, der Steigerung größten Wohlbehagens.

Was kann die Seele tun, um den Empfindungen richtig gegenüberzutreten, die der Lebenssinn in der angedeuteten Weise übermittelt? Sie muß eine Eigenschaft entwickeln, die sie mit voller Bewußtheit all den Gefühlen entgegenhält, wenn sie weder von der Angst noch von der Lust beherrscht werden will. Das menschliche Ich vermag im Herzen Gleichmut zu hegen, um jene Gefahren abzuwenden, die uns drohen, wenn wir wahllos den Anregungen folgen, zu denen uns die Mitteilungen des Lebenssinnes veranlassen möchten. Nur praktische Übung und Erfahrung wird dem Erwachsenen helfen. Man vergegenwärtige sich bloß die bereits erwähnten peinlichen Sensationen, denen wir am Morgen beim Erwachen oder kurz nachher, so leicht ausgesetzt sind. Es ist ganz berechtigt, von einer „Morgenübelkeit“ zu sprechen, die bis tief in das Physische gehen kann. Dies trifft besonders für Krankheiten zu; aber auch unter bestimmten Umständen, wenn wir zwar zu dem gewöhnlichen Bewußtsein schon erwachen, aber unser individuelles Ich noch nicht richtig die Herrschaft über den Leib erlangt hat. Ein derartiger Zustand tritt, sozusagen physiologisch, in der Schwangerschaft ein; aber auch dann, wenn der Körper irgendwie mißhandelt worden ist, z. B. durch Übermüdung, zu große Nahrungsaufnahme oder gar Trinken alkoholischer Getränke am Abend vorher. In all diesen Fällen erreicht das Unbehagen beim Erwachen und in den ersten Morgenstunden einen viel höheren Grad als sonst bei den meisten Menschen.

Allen Unbehaglichkeiten, die uns wie die kleinen Teufel anspringen wollen, kann eine bestimmte Haltung unseres

Wesens die Spitze bieten: der innere Gleichmut, der in unserem Ich vorbereitet werden kann. Wenn sich jemand z. B. am Abend vorher fest vornimmt, sich von dem rheumatischen Ziehen in seinen Gelenken am nächsten Morgen nicht außer Fassung bringen zu lassen; oder wenn er sich von der heraufkommenden Migräne nicht verhindern lassen wird, seiner Arbeit nachzugehen; oder er wird nicht darüber nachdenken, ob seine Verkühlung und sein Husten doch mit Tuberkulose zusammenhängt; oder ob das enge Gefühl in der Brust der Anfang von Lungenkrebs ist und ob das Aufgeben des Rauchens nun doch schon zu spät für ihn ist. Aber es wird vielleicht gar nicht genügen, gleichmütig diese Gedanken beiseite zu schaffen, Gedanken, die meist das hypochondrische Element in vielen Menschen verrät; es wird nämlich nötig sein, daß wir den vielen kleinen Unannehmlichkeiten, die wir mehr oder weniger als Schmerz empfinden, mit völligem Gleichmut gegenübertreten. Tun wir das, dann wird es uns nicht so interessant und wichtig erscheinen, jedem Menschen, den man gerade trifft, von seiner geschwollenen Zehe zu erzählen, von den Zahnschmerzen, die einen in der vergangenen Nacht nicht schlafen ließen oder gar von dem Herzklopfen als Folge zu schwerer Arbeit. Die Bedeutung all dieser Symptome im Körper soll für den Menschen schwinden. Vielen Menschen, die an Hysterie oder Neurasthenie leiden, fällt es besonders schwer, ihren Gleichmut irgendwelchen körperlichen Leiden gegenüber zu bewahren; denn in der Hysterie z. B. lenkt ja der Mensch den Blick seiner Seele mit besonderer Aufmerksamkeit gerade auf die körperlichen Vorgänge. Man vergegenwärtige sich nur einmal, mit welchem Vergnügen und Enthusiasmus, ja mit welch dramatischer Sprache der Hysteriker genau von seinen Magen- und Darmbeschwerden erzählt. Manchen wird es Jahre des Kampfes kosten, ehe er den Seelengleichmut gegen solche kleinere Leiden errungen hat. Aber das ständige Üben einer ausgeglichenen Seelenhaltung macht den Lebenssinn zu einer Quelle von Stärke. Jeder jüngere Mensch wird geradezu die Forderung nach solcher Ruhe der Seele an sich selbst stellen, wenn er beobachtet, wie die Leute mit zunehmendem Alter meist in den Erzählungen von ihren körperlichen Peinlichkeiten schwelgen. Wenn also der Erwachsene im tagtäglichen Leben den Gleichmut seinen Schmerzen gegenüber übt, wird er gut tun, in sich zu forschen, warum er dies oder jenes gar so fürchtet. Oft wird gefunden werden, daß irgend eine alte Erzählung über einen Fall von „Blutvergiftung“ durch ein Fingergeschwür bei dem betreffenden ängstlichen Mann eine ständige Beobachtung seines Fingers zur Folge hat, sobald er auch nur die unscheinbarste Verletzung hat. Er registriert mit Bedenken jedes kleine Klopfen in seiner Hand und sieht sich schon auf dem Operationstisch liegen, um sein Leben ringend. Das Wissen vom Ursprung solcher Ängste kann schon allein dazu verhelfen, sie zu überwinden.

In der Kindererziehung weist uns das Verhältnis des Lebenssinnes zum Seelischen sehr eindringlich darauf hin, daß alles geschehen muß, um im Kinde den inneren Mut zu erwecken. Das gelingt einerseits dadurch, daß es die Welt verstehen lernt — und andererseits, daß ihm nichts zugemutet wird, was es nicht verstehen kann. Was schon dem Erwachsenen in der gegenwärtigen Zeit Angst und Schrecken einjagt, müßte erst recht vom Kinde ferngehalten werden. So etwas wie Bazillenfurcht, Furcht vor Ansteckung, Furcht vor vielen Krankheiten dürfte in Kindern bis zum vierzehnten Jahre überhaupt nicht aufkommen. Schreckenerregende Bilder von Verletzten, Toten, Verunglückten in Wirklichkeit oder Zeitungen und Kino, verursachen in der Kinderseele Verlust der Unbefangenheit dem Leben gegenüber. Aber gerade das möglichst lange Bewahren einer solchen Unbefangenheit wird in späteren Jahren zur Hilfe für die Entfaltung von Gleichmut. Die Erziehung, die einen starken Lebenssinn im Menschen heranbilden will, muß vor allem für die Entängstigung der Seele sorgen. In früher Kindheit wird mit allen Mitteln bei Eltern und Lehrern darauf hinzuarbeiten sein, daß Bedrohungen aller Art vom Kinde völlig abzuhalten sind. Die Ankündigung, daß unter bestimmten Umständen die Polizei, der schwarze Mann — oder gar der gerne prügelnde Vater geholt werden wird, ist absolut schädlich, solange das Kind noch an die Verwirklichung der Drohungen glaubt. Bei den Kindern muß für lange Zeit das vollkommene Vertrauen bestehen, daß sie sich unter dem allmächtigen Schutze der Erwachsenen befinden. Die Kraft des Mutes, die in den Kindern vorerst noch keimt, ehe sie ihre wahre Persönlichkeit entfalten können, soll ihnen von den Eltern oder Lehrern solange geliehen werden. Wenn das in der richtigen Weise geschieht, bleibt kein Raum mehr für das Aufkommen von Angst. Läßt man aber die Kinder allein, also ohne die Möglichkeit beim Erwachsenen Hilfe zu finden, so öffnet man im Herzen den Dämonen der Angst die Tore: und oft genügt nicht einmal das ganze Leben, um einen Menschen von der in der Kindheit erworbenen Furcht zu befreien.

Jede Form von Angst bedroht den Lebenssinn. Es ist daher kein Wunder, wenn die Menschen der Gegenwart, die gegen alle möglichen Furchtzustände kämpfen müssen, mit einem schwächlichen Lebenssinn begabt sind. In unserem Zeitalter ist doch die Luft sozusagen mit Furcht und Schrecken geschwängert. Die Menschheit fühlt das allgemeine Unbehagen in der heutigen Zeit sehr stark — und sucht nach Abwehr und Erleichterung. Der Weg zum Gleichmut ist beschwerlich und erfordert ständiges Wachsein; den meisten Menschen scheint es viel einfacher, zu anderen Mitteln zu greifen. Die Unbehaglichkeit im Innern wird mühelos durch Trinken überwunden, dem sich viele Kreise aller Völker in erschreckendem Maße hingeben. Manche Leute greifen bei jedem Unbehagen sofort zu irgendeiner Tablette, die einem die Lebensschwere wieder wegzaubert. Ein großer Teil der in den Kulturländern lebenden Menschen ist schon dazu erzogen, bei jeder Depression, beim kleinsten Unwohlsein zum Arzt zu gehen, denn man weiß doch nicht sicher, ob diese Gefühle nicht der Anfang von Krebs, der Managerkrankheit oder einer vorzeitigen Arterienverkalkung ist. Der Arzt, in die gleiche Welt hineingestellt wie seine Patienten, fühlt sich meist veranlaßt, nur möglichst schnell mit irgend einem kleineren oder größeren Gift die Beschwerden einzuschläfern. Daß aber mit solchen Mitteln, die eine chronische Schwächung des Lebenssinnes verursachen, eines Tages der Boden für die wirklich großen Krankheiten reif geworden ist — daran denken die wenigsten Ärzte und Patienten.

III.

BEWEGUNGSSINN

Der Bewegungssinn übermittelt uns die Veränderungen in der Lage unseres Körpers. Die Muskeln stehen in engster Beziehung zu allen Bewegungen, die wir und die sich in uns vollziehen. An erster Stelle sind es die Muskeln der Gliedmaßen, die in Betracht gezogen werden müssen. Im gewöhnlichen Leben kommt uns die Sinnesorgannatur des Bewegungssinnes nur wenig klar zu Bewußtsein.

In der Kindheit der ersten Zeit ist der Bewegungssinn noch schwach entwickelt; das Kind beginnt aber sehr bald, den Sinn zu üben. Jedes Hingreifen mit Hand und Fingern nach einem Gegenstand löst eine Empfindung im Bewegungssinne aus. Der ganze, sehr komplizierte Prozeß des Sich-Aufrichtens bis zum Gehen-Lernen hat fortwährend mit dem Bewegungssinne zu tun. In Wirklichkeit können wir gar nicht früher aufrecht gehen, bis wir nicht durch die bestimmte Spannung in unseren Muskeln (natürlich auch in den zugehörigen Sehnen, Bändern und Gelenken) eine sichere Orientierung haben, wo und wie sich unsere Gliedmaßen befinden. Nun geschieht jedes Lernen in der Weise, daß Dinge so lange wiederholt werden, im vorliegenden Falle sind es eben Bewegungen, bis sie sich eigentlich tief und unbewußt in unsere Lebenskräfte eingesenkt haben. Das gelingt am leichtesten, wenn es sich rhythmisch vollzieht. Am bekanntesten und selbstverständlichsten ist dies bei dem Erlernen von Sprachen. Aber auch bei den Bewegungen und dem Wissen von ihnen spielt das rhythmische Element — besonders im Kindesalter — eine sehr bedeutsame Rolle. Daher wird vom Kinde das Aufsitzen, Aufstehen und Gehen immer wieder und wieder geübt, bis dann das Empfinden der Muskulatur gar nicht mehr viel bemerkt wird — aber das Aufrichten zur Fähigkeit geworden ist. Ähnlich ergeht es auch später im Leben, wenn gewisse Geschicklichkeiten der Gliedmaßen erworben werden sollen. Man kann sich wieder an einen Virtuosen erinnern, der ein bestimmtes Instrument beherrscht. Feinstes Empfinden im Bewegungssinn ist erforderlich, um z. B. Passagen auf einem Klavier oder einer Violine richtig zu spielen. Abgesehen von der entsprechenden Begabung eines Menschen ist ein fortwährendes Üben notwendig, damit Finger, Hände und Arme den geforderten Ansprüchen genügen können. Wer jemals an sich selbst beobachtet hat, wie durch Übung der Hände eine Fähigkeit weit in das Unterbewußte geführt wird, der weiß auch, wie der Bewegungssinn eine wunderbare Pforte ist in das Reich der Bildekräfte. Das gilt natürlich für alle Sinne, kann aber bei dem Bewegungssinn besonders eindringlich von jedem selbst erlebt werden. Von dem guten Klavierspieler gewinnt man den Eindruck, daß seine Finger ganz von selbst laufen, obwohl sie von einer höheren Macht im Menschen — dem individuellen Ich — regiert werden. Durch Übung der Gliedmaßen wird der Bewegungssinn ein immer feiner werdendes Wahrnehmungsorgan. Gleichzeitig mit dieser Arbeit der Glieder kann sich im Menschen ein immer stärkerer Grad von freier Entfaltungskraft bemerkbar machen. Manche Kinder besitzen diese freie Beweglichkeit, ganz unbewußt, schon im Anfange ihrer Schulzeit. Mit der Geschlechtsreife tritt meist ein starker Rückschlag ein. Der Grund hierfür liegt in dem eigentümlichen Zustand während und kurz nach der Pubertätszeit. Durch das Freiwerden von Seelenkräften aus dem physischen Organismus leben nach der Geschlechtsreife die Seelenkräfte nicht mehr so innig wie vorher mit den Gliedmaßen verbunden. Dagegen sind aber die individuellen Ichkräfte noch nicht so weit, um die Gliedmaßen schon vollbewußt ergreifen zu können. In dieser Übergangszeit wird der Bewegungssinn etwas unsicher in der Wahrnehmung der Bewegungen. Daher baumeln in diesem Entwicklungsstadium die Arme und Beine leicht ziellos hin und her, machen nicht selten bei jungen Leuten den Eindruck von leeren Hülsen. Das ist eine Epoche, in der Jungen und Mädchen noch in einem Zwischenreiche, nämlich n a c h der Kindheit und v o r dem Erwachsensein, leben müssen. In dem Zeitpunkte werden die „Berichte" des Bewegungssinnes oft etwas unzuverlässig. Junge Menschen spüren das sehr deutlich und fühlen es unter deutlichem Mißbehagen. Dies bringt entweder eine auffallende Scheuheit mit sich — oder lebt sich in einer gewissen Vierschrötigkeit und Grobheit aus. Beides wird besonders zu beobachten sein bei Kindern, die um das vierzehnte Jahr plötzlich schnell wachsen. Es scheint, daß der Bewegungssinn erst eine bestimmte Zeit braucht, um sich den neuen Längenverhältnissen anzupassen. Bei bestimmten Organen ist es eine bekannte Tatsache, daß sie unter dem Einfluß von zu schnellem Wachstum des Körpers erst eine gewisse Zeit benötigen, um den geänderten Größenverhältnissen nachzukommen. An den Herzen hoch aufgeschossener junger Leute kann diese Erscheinung bis ins Anatomische verfolgt werden. Bestimmte Herz-Beschwerden — die sich im Laufe einiger Jahre verlieren — sind Folgen eines solchen Zustandes.

Die meist sehr übertriebene Sucht nach sportlicher Betätigung in den Entwicklungsjahren hat ihren Grund zum Teil in der noch unzulänglichen, aber heftig gewünschten Beherrschung der Gliedmaßen. Das Verlangen nach der vollen Herrschaft über Arme und Beine durch den bewußten Willen, macht sich bis in spätere Jahre in der Sportlust geltend. Bei der Erziehung wird es zu einer wichtigen Aufgabe, den Sport und seine Bestrebungen in richtige Bahnen zu lenken; das heißt, man wird in der Schule versuchen, durch die Eurythmie und eine sinnvolle Gymnastik [1]) Arme, Beine und den ganzen Körper bewegen zu lassen. Vor allem wird handwerkliche Betätigung, wie Holzarbeit, Flechtwerk, Weben, Tischlern, Schuhmachen und Gartenarbeit, eine viel hilfreichere Betätigung sein als die sportlichen Leistungen. Ein übermäßiges Üben von Sport, wie es so häufig betrieben wird, führt, gerade durch die zu einseitigen Bewegungen, sehr häufig zu einer verhärteten Konstitution des Körpers. Ganz deutlich sieht man dies schon daran, daß die erfolgreichsten Sportsleute der Zwanziger Jahre meist in ihrer mittleren

[1]) Wie sie von Graf Bothmer in der „Waldorfschule" ausgearbeitet wurde.

Lebenszeit weniger gesunde Menschen sind, als die gleichaltrigen Mitglieder der übrigen Bevölkerung. Auf die moralische Bedeutung des mit dem Sport unmittelbar zusammenhängenden Rekordwahnsinns soll hier nicht näher eingegangen werden, da es sich ja vor allem um den Bewegungssinn als solchen handelt. Dieser in uns arbeitende Sinn möchte uns zu einem Menschen erziehen, der sich innerlich in seiner Seele unabhängig empfindet; denn wer seine Gliedmaßen beherrscht, hat auch die Möglichkeit der Freiheit in seinem Willen.

„Daß Sie sich als eine freie Seele empfinden, das ist die Ausstrahlung des Bewegungssinnes ...", sagt Rudolf Steiner in dem vorher genannten Vortrage über die zwölf Sinne.

Durch den Bewegungssinn, der also mit dem Empfinden der Freiheit so eng verbunden ist, werden sehr interessante Erfahrungen gesammelt, die für das ganze Leben eines Menschen von großer Bedeutung werden können. Wahre Freiheit erleben wir deutlich in unserem Denken. Rudolf Steiner hat in seinem Buch „Die Philosophie der Freiheit" in klarer Weise gezeigt, daß eigentlich nur jenes Gedankenleben frei ist, das im Menschen aus seiner eigenen Kraft gehandhabt wird. Wenn dies gelingt, ist mit dem wahren Denken immer zugleich auch ein Willensimpuls verbunden. Der kommt aus des Menschen innerstem Wesen. Daher entwickeln manche Leute ihre Gedanken leichter — soweit es sich um wirklich frei aufsteigende Gedanken handelt —, sobald es ihnen möglich ist, dieselben mit bestimmten Bewegungen zu verbinden. Im Unterbewußtsein übermittelt nämlich der Bewegungssinn die Lage unseres ganzen Bewegungsapparates. Wir empfangen also einfach Nachricht von dem in uns sich vollziehenden Willen bei jeder Bewegung. Das verhilft zur Freiheitsentfaltung in uns selbst — und zur Geburt freier Gedanken. Daher liebten so viele Denker zu wandern, spazieren zu gehen, wenn sie ihre Gedanken richtig finden und richtig aufbauen wollten. Jacob Grimm hat eine ganze Lobeshymne auf den wohltuenden Einfluß des Spazierengehens für die Entfaltung der Gedanken geschrieben. Die Schüler des Aristoteles wurden bekanntlich die Peripatetiker genannt. Der Name kommt von περιπατειν, herumwandeln; denn Aristoteles hielt seinen Schülern Vorträge, während er selbst im sogenannten Lyceum auf- und abzugehen pflegte.

Das Gegenteil von solchen Ideen, die aus einer wirklichen freien Denkanstrengung entstehen, ist ein einfaches assoziatives Gedanken-Aneinanderreihen. Letzteres blüht z. B. bei jenen gewöhnlichen Gesprächen, die im allgemeinen bei einem Nachmittagstee geführt werden. Am klarsten tritt die Passivität dieses Denkens bei der von Freud geübten Denkassoziation zutage, wenn jemand bei der psychoanalytischen Behandlung alles äußern soll, was ihm „gerade einfällt". Was empfiehlt da Freud? Daß sich der Patient, der analysiert werden soll, möglichst passiv und ruhig auf das Sofa hinlegt, um sich entspannt den frei aufsteigenden Assoziationen hingeben zu können. Es wäre keineswegs denkbar, dies im Gehen und Wandern zu tun. Diese physische Ruhe im Nachdenken schafft auch mehr die unbeweglichen Gedanken aus dem Unterbewußtsein herauf; aber die aktive Bewegung, die beim Spazierengehen geübt wird, verhilft dazu, auch die wirklich aktive Gedankenkraft spielen zu lassen. Es gibt sogar Leute, die am Morgen die fruchtbarsten neuen Ideen entfalten, wenn sie sich rasieren, also ebenfalls mit den Gliedmaßen tätig sind.

Wieso wir das Element der menschlichen Freiheit im Bewegen so stark spüren, wird aus folgender Überlegung verständlich: die Knochen des Menschen gehören zu dem festesten und irdischsten Bestandteil unseres Leibes. Sie sind vom Lebendigen am weitesten entfernt, so daß sie sich nach dem Leben am allerlängsten erhalten. Der „Knochenmann" wurde sogar zu einer Art Bild des Todes selbst. Bewegt sich aber ein Mensch, dann bewegt er seine Knochen, wenn auch selbstredend vermittels seiner Muskeln, Sehnen und Bänder. Im Bewegen, im willentlichen Tun überwindet er sozusagen durch die Kraft seines persönlichen Ich den Tod, den er in sich trägt, für den das Skelett ein wahres Symbol ist. In dieser Überwindung leuchtet in ihm wunderbar das Empfinden der Freiheit auf.

Daran sieht man, welche Bedeutung es für die Entwicklung haben muß, den Bewegungssinn von Kindheit an besonders zu pflegen. Dies wird erreicht durch ein wirklich beseeltes Bewegen, wie es in der von Rudolf Steiner begründeten Bewegungskunst der „Eurythmie" geschieht. Diese Eurythmie wird deshalb in allen Rudolf-Steiner-Schulen mit den Kindern von Anbeginn betrieben. Aber auch viele arbeitsmäßige Betätigungen in früher Jugend stärken, durch das Lebendigmachen des Bewegungssinnes, im Menschen das Freiheitsgefühl für später. Es ist aber dabei Bewegen als natürliche Betätigung gemeint. Dazu ist alle Arbeit in der Natur selbst zu zählen, wie jede Art Garten- oder Feldarbeit, bei der Arme und Beine Bewegungen verrichten, die in direkter Beziehung zum Boden und zu den Pflanzen selbst stehen. Die maschinelle Arbeit, die heutzutage in der Landwirtschaft geleistet wird, kann wohl nicht mehr hierher gerechnet werden. Ihr ist kein günstiger Einfluß auf den Bewegungssinn zuzuschreiben. Das In-Gang-Bringen und Führen einer Maschine ist nicht etwas, das für Jugendliche empfehlenswert erscheint. Denn alle Maschinenarbeit entrückt die Menschen vom lebendigen und lebensvollen Rhythmus, der in einem wahren handwerklichen Tun lebt. Mechanisches Geschehen ertötet vielmehr im Bewegungssinn gerade das, was durch natürliche Handarbeit im Laufe der Zeit zu einer Fülle von Kraft wird, die dieser Sinn wahrnimmt.

Das Fühlen der Bewegung ist selbstredend nicht bloß auf die Gliedmaßen beschränkt. Es gibt eine innere, körperliche Tätigkeit, die sich unbewußt abspielt; trotzdem wird sie vom Bewegungssinn aufgenommen und leuchtet in das Seelische hinüber. Als ein Beispiel darf wohl die Darmfunktion angeführt werden. Sie verläuft in Form von ganz bestimmten Bewegungen. Im allgemeinen spürt man nicht viel davon. Aber in krankhaften Fällen wird ein gewisser Rückschlag auf die Seele leicht beobachtet werden. Die sogenannte Constipation oder Verstopfung hängt sehr oft mit einer trägen Darmtätigkeit zusammen. Fragt man Menschen, die daran leiden, welchen Einfluß es auf ihr Befinden hat, sobald sie stärker verstopft sind, dann können sie einem oft folgendes mitteilen: eine Regelung der Darmtätigkeit klärt ihren Kopf ganz wesentlich, sie vermögen klar zu denken, während die

Constipation in ihnen das Gefühl gedanklicher Benommenheit erzeugt. Gewinnt diese Empfindung über jemanden mehr und mehr Macht, so wird er deprimiert und hypochondrisch. Der Gipfelpunkt eines solchen Zustandes zeigt sich in der sogenannten Melancholie, einer Seelenstörung, bei der das Gedanken- und Gefühlsleben einer dumpfen Schwere verfällt. Bei dieser Krankheit ist meist ein Darniederliegen der gesamten Darmfunktion zu verzeichnen. Außerdem gehört es noch ganz besonders zum Symptomenbild der Melancholie, daß die Kranken einen innerlichen Widerstand allen körperlichen Bewegungen entgegensetzen. Am liebsten bleiben sie ruhig sitzen oder liegen. Jedes Tun, das sich letzten Endes doch immer in einem aktiven Bewegen äußern muß, wird von solchen Patienten vermieden. Der Bewegungssinn scheint in solchen Fällen auch keine Neigung dazu zu zeigen, eine Aktivität wahrnehmen zu wollen.

Man wird oft finden, daß viele Seelenstörungen häufig mit der Trübung verschiedener Sinne einhergehen. Vorangehend wurde schon gezeigt, wie z. B. der unrichtig geleitete Lebenssinn seelisch zu allen möglichen Angstzuständen, Zwangsideen und selbst Zwangshandlungen hinführt. Ein schlecht arbeitender Bewegungssinn verhilft zu solchen Störungen, die mit Depressionen, Hypochondrie und sogar mit der wahren Melancholie in Beziehung stehen. Um ganz korrekt zu bleiben, müßte eigentlich gesagt werden: in diesen zuletzt genannten krankhaften Zuständen erlahmt das gesamte Bewegungssystem des Menschen. Als eine weitere Folge davon wird auch der Bewegungssinn weniger aktiv und übermittelt dem Menschen viel weniger Nachrichten von seinen inneren Bewegungen als im gesunden Zustande.

Die wichtigste Frage für uns wird nun sein: Was kann man tun, um den Bewegungssinn möglichst lebendig zu erhalten? In der Erziehung muß viel getan werden, um das innere und äußere Bewegungselement des Körpers in der richtigen Weise zu pflegen; nur dann wird der Sinn die notwendigen Kräfte gewinnen. In der ersten Lebensepoche hat man alles zu beachten, was diesbezüglich schon in dem Buche „Frühe Kindheit“ ausführlich behandelt worden ist. Also jedes verfrühte, von außen her erzwungene Bewegen, das vorzeitig zum Aufrichten des Kindes führen soll, muß vermieden werden. Dadurch wird der Bewegungssinn überanstrengt. Von allem anderen soll im vorliegenden Zusammenhange abgesehen werden. Eine Schwächung der mit diesem Sinne verwandten Bildekräfte ist die Folge. Diese äußert sich im Alter — oder auch schon früher — in einer krankhaften Beschränkung der Bewegungsfähigkeit. Es kommt z. B. in den späteren Lebensjahren zu gewissen rheumatischen und arthritischen Beschwerden. Vielfach sind diese Erkrankungen eben gerade auf das zu frühe Üben der Aufrichtekräfte in der ersten Kindheit zurückzuführen.

Die Pflege der Geschicklichkeit der Gliedmaßen durch Handfertigkeiten wie Weben, Spinnen, Nähen, Modellieren, Gartenarbeiten, Tischlerei und andere Holzarbeiten, Töpferei und selbst Schusterarbeiten in der Schulzeit, — kann für das ganze Leben zur größten Hilfe werden. Solche Arbeit erhält den Bewegungssinn wirklich jugendlich. Diese Tätigkeit muß aber in sinnvoller Art gepflegt werden, wenn sie für später nützlich sein soll; übertriebenes Üben hat dagegen sehr schädliche Folgen. Es macht den Körper frühzeitig alt und gebrechlich.

Aktive Körperbewegung hat besonders einen sehr wohltätigen Einfluß auf eine sich im Innern des Leibes abspielende Bewegung, nämlich auf die geordnete Blutbewegung. Während der Blutkreislauf von dem Bewegungssinne im gesunden Zustande wie selbstverständlich aufgenommen wird und unbewußt bleibt, schlägt die Unregelmäßigkeit von Puls- und Herzschlag sehr bald in unser Bewußtsein herein. Außerdem kommen natürlich alle jene Vorgänge in Betracht, die mit den Bewegungen der Verdauungsorgane zu tun haben. Als Erwachsene sollten wir eine starke Empfindung dafür ausbilden, was der Bewegungssinn uns diesbezüglich mitteilt. Die Nahrungsmittel, die von uns genossen werden, beeinflussen selbstverständlich die ganze Beweglichkeit unseres Verdauungsorganismus sehr lebhaft. Für manche Menschen wird die Verlangsamung oder zu große Beschleunigung der Verdauung durch bestimmte Nahrung allmählich krankmachend. Der Bewegungssinn — der für jeden sehr individuell reagiert — sollte uns sehr deutlich mitteilen, wenn z. B. Kartoffeln, Reis oder Schokolade unseren Verdauungsapparat zu träge werden lassen. Wenn das der Fall ist, muß der Genuß dieser Speisen eingeschränkt werden, um den Körper gesund zu erhalten. Durch die Nahrung können wir einfach der Aktivität des Organismus entweder helfend entgegenkommen oder störend entgegenarbeiten. An dieser Stelle darf wohl daran erinnert werden, daß die vegetarische Ernährung eine stärkere Verdauungsbewegung anregt als die Fleischnahrung. Ganz allgemein folgt daraus, daß also eine vegetarische Ernährungsweise den Bewegungssinn meist günstig beeinflußt. Für das Kind der ersten sieben Jahre wird es daher auf jeden Fall vorteilhafter sein, von jeder Fleischkost abzusehen. Da die Frage hier nur vom Gesichtspunkt des Bewegungssinnes behandelt ist, soll auch nur in bezug auf diesen das Problem von Fleisch- oder vegetarischer Ernährung kurz Erwähnung finden.

Wie ist es nun möglich, für das seelische Leben etwas zu tun, das dem Bewegungssinn von dieser Seite Kräfte zuführt, um ihn sozusagen am besten lebendig zu erhalten? Die Pflege einer Eigenschaft erscheint da besonders empfehlenswert: Ausdauer im Handeln, in unseren Gedanken und Gefühlen. Dies wird aus einfachen Überlegungen heraus verständlich. Bewegung — was sich also von der physischen Seite her vollzieht — ist von vornherein etwas, das ständig einer Veränderung unterliegt. Das Wesen einer Bewegung bringt es mit sich, daß es in ihr keinen wirklichen Ruhepunkt geben kann; die Ausdauer von der Seelenseite her bringt erst Sinn in eine Bewegung. Das schon genannte Beispiel des kindlichen Sich-Aufrichtens und Gehens lehrt, wie nur die immer wiederholte, also ausdauernde Bewegung beim Stehen- und Gehen-Lernen schließlich zur Fähigkeit wird, eben aufrecht wandeln zu können. Dabei vermag man es am Betragen der Kinder abzulesen, wie ihre individuelle Ausdauer, die schließlich zur Erlernung einer Fähigkeit führt, beschaffen ist.

Ein gewisser Rhythmus beim Üben solcher Bewegungen spielt eine hilfreiche Rolle. Die Natur selbst fügt zu den meisten Bewegungen, die innerhalb des Organismus ablaufen, einen bestimmten Rhythmus hinzu. Dies offenbart der Rhythmus der Blut- oder Atembewegung, der Rhythmus der Darmbewegung oder der Nierenfunktion. Aber auch von unserem Seelenleben aus kann es der Rhythmus sein, der der Ausdauer als einer besonderen Eigenschaft beisteht. Die Beständigkeit des religiösen Fühlens wird z. B. unterstützt, wenn Gebete oder Meditationen regelmäßig im Tages- oder Jahreslauf geübt werden.

Es ist schon bedeutungsvoll, sich einmal zu überlegen, wie das Leben in der fortwährenden Bewegung, die der Bewegungssinn anzeigt und mittelt, den Menschen zur inneren Rastlosigkeit führen könnte, die uns nirgends festen Fuß fassen ließe. Ewiges Wandern, ohne Ziel und ohne Ruhe, wäre eine Gefahr, der jemand ausgeliefert wäre, wenn er diesen Bewegungen sich restlos ergeben müßte. Im Gegensatz hierzu würde allerdings ein Mensch immer erdenschwerer werden, wenn er gleichsam nur Ausdauer, nur Verharren in sich ausbildete. Rhythmus in der Bewegung und Rhythmus in der Ausdauer hilft über die Gefahr einer Einseitigkeit hinweg.

Im Grunde genommen liegt das Bedeutungsvolle des Bewegungssinnes darin, daß er zwar gerade — so scheint es mir wenigstens — an dem Kreuzungspunkte von Bewegung und Ausdauer liegt, aber von entsprechenden Rhythmen erhalten und getragen wird. Deshalb ist es für die Gesunderhaltung des Bewegungssinnes von großer Wichtigkeit, jede Art von Rhythmus, besonders im Kindesalter, zu pflegen. Man darf eben nie vergessen, daß ein Rhythmus die Bewegung gleichsam veredelt.

Die übertriebene Bewegungssucht der Gegenwart, die meist jenseits aller natürlichen Rhythmen liegt, zerstört den gesunden Bewegungssinn und führt zu verschiedenen Zeitkrankheiten. Zu diesen sind die immer zahlreicher werdenden Kreislaufstörungen zu zählen. Sie haben ihren Ursprung in dem immer unregelmäßiger verlaufenden Leben. Das viele Hasten — ob in der Arbeit oder im Vergnügen — läßt keine Regelmäßigkeit im Atem oder Herzschlag aufkommen; es zerstört die entsprechenden Organe vorzeitig. Würde man aber dem Bewegungssinne seine Empfindungen sorgfältiger ablauschen, so könnte durch aufmerksames und ausdauerndes Einführen eines seelischen Rhythmus' vieler Schaden wieder gut gemacht werden.

In bezug auf das gesamte Leben gilt — wie für die meisten Sinne — für den Bewegungssinn ganz besonders, daß mit dem fortschreitenden Alter immer weniger und weniger Empfindungen an ihn heranströmen. Die Muskelbewegungen werden schwächer und schwächer, die Beweglichkeit der Gliedmaßen nimmt ab, das strömende Blut verlangsamt sein Tempo, die Säfteproduktion nimmt ab, die Drüsen schicken ihre Produkte viel träger durch den Leib. Wie wichtig ist es daher im Leben, nicht nur die Beweglichkeit nach außen hin möglichst lange zu bewahren, sondern auch in der Seele jene Kräfte auszubilden, die nie zu ersterben brauchen: seelische und geistige Ausdauer. Sie bringt immer wieder neue Lebenskraft zu uns. Wer z. B. mit moralischer Ausdauer ein geistiges Ziel verfolgt, der bewahrt auch seinen Bewegungssinn lebendig.

Äußerlich zeigt sich dies schon leicht an solchen Menschen, die ihrem Beruf mit wirklicher Ausdauer so lange als nur möglich nachgehen. Sie erhalten sich im Strome des Lebens oben. Am klarsten beobachtet man dies bei solchen Berufen, wo die Menschen bei ihrer Beschäftigung innig mit der Natur selbst verbunden bleiben. Der alte Bauer, der noch seine Arbeit wirklich liebt, der mit unüberwindlicher Ausdauer seinen Boden bearbeitet, erhält sich meist bis in das hohe Alter frei und beweglich. Es ist die Ausdauer, eine seelische Kraft, die den Bewegungssinn offenhält und im späteren Leben wohltätig auf den Körper zurückwirkt. Dieses Nicht-Locker-Lassen mit seinen Zielen, Absichten und Plänen macht den Bewegungssinn bis in das hohe Alter empfänglich.

IV.

GLEICHGEWICHTSSINN

Der Gleichgewichtssinn ermöglicht es dem Menschen, sich als aufrechtes Wesen im dreidimensionalen Raume bewegen zu können. Für das Stehen- und Laufenlernen der Kinder spielt der Sinn eine besonders hervorragende Rolle. Es ist die Persönlichkeit, die Individualität, die mit dem Aufrichten zu tun hat. Dies wurde in dem Buche „Frühe Kindheit" sehr eindringlich gezeigt. Daher ist auch die Art, wie ein Kind gehen lernt und zu welcher Zeit es schließlich die Fähigkeit erwirbt, bis zu einem gewissen Grade sehr variabel. Jeder Mensch hat schließlich — in den ersten Jahren muß das noch gar nicht so sehr auffallen — seinen ihm persönlich anhaftenden individuellen Gang. Rudolf Steiner machte wiederholt darauf aufmerksam, daß sich aus der Art, wie jemand mit seinen Füßen auf den Boden tritt, sein Temperament verrät. Für die Offenbarung des Ich aus dem Gange ist dieses Aufsetzen der Füße natürlich nur eine Teilerscheinung; denn die Persönlichkeit kommt im Temperamente nur bis zu einem gewissen Grade in Erscheinung. Denn die Temperamente zeigen ja zunächst nur, wie die Kräfte des Lebendigen, das will also sagen die Bildekräfte, von der Seele gelenkt werden und eine allgemeine Stimmungslage derselben bewirken. Wenn man aber alle Einzelheiten zusammen schaut, wie jemand seine Zehen und die Sohle auf den Boden setzt, wie er die Knie halb oder ganz durchdrückt, sich in den Hüften bei jedem Schritt wiegt, oder sich im Rückgrat auffallend steif hält; wie er die Wirbelsäule krümmt, entweder mehr zur Seite oder mehr nach hinten; wie er seine Arme bald schlenkern läßt, bald sie fest an sich preßt oder sie gar am Rücken kreuzt; wie ein Mensch im Gehen oder Stehen seine Hände fallen läßt, sie zusammenfaltet oder auf sein Bäuchlein legt; wie die Schultern gleichmäßig oder ungleichmäßig hochgezogen oder gar nach hinten gestreckt werden; ob der Hals weit vorgestreckt oder einseitig nach rechts oder nach links geneigt wird, so daß der ganze Kopf eine meist sehr charakteristische Haltung einnimmt — all das hängt zwar vielfach mit der Gleichgewichtslage eines Menschen zusammen, bietet aber zugleich ein Bild der ganzen Individualität. Unsere eigentliche geistige Wesenheit — und diese ist ja unser persönliches Ich — drückt sich also hier auf Erden sehr deutlich in dem Gleichgewichtszustande des Menschen aus. Ist man nur erst darauf aufmerksam, so kommen wir zu dem Ergebnis, daß Leute fast ebenso viele Gleichgewichtshaltungen einnehmen können, als es Individualitäten gibt. Tritt aus irgendwelchen praktischen Gründen das Bestreben auf, die Individualität möglichst zu unterdrücken und sie ja nicht aufkommen zu lassen, da wird mit aller Gewalt das jedem Individuum Eigentümliche seiner Gleichgewichtshaltung im Stehen oder Gehen ausgetrieben. Das ist vor allem beim militärischen Drill, aber auch schon beim Trainieren für viele sportliche Leistungen der Fall. Dabei wird aber selbstverständlich das wirklich Geistige des Menschen möglichst ausgeschaltet.

Bevor nicht das Ich des Menschen von dem Leibe wirklich Besitz ergriffen hat, vermag dieser nicht, zur aufrechten Haltung zu gelangen. Aber ohne die Aufrechtheit findet man nicht jenes wunderbare Gefühl des Gleichgewichtes. Beim Erleben durch den Bewegungssinn spielt die Wahrnehmung der fortwährenden Veränderungen, die für alles Bewegen charakteristisch sind, eine große Rolle. Daß wir sogar Änderungen selbst durchführen können, verleiht einem das Gefühl der Freiheit. Wenn wir den eigenen Körper im Gleichgewichte mit unserer Umgebung erleben dürfen, empfinden wir innere Ruhe und Sammlung. Lebt man nur stark genug in dieser Stille des Gleichgewichtes, und wir können auf einmal den physischen Leib ganz vergessen; wir öffnen uns dem wirklichen Geiste. Rudolf Steiner bezeichnet dieses Erlebnis der Seele ganz klar: „Es ist das Sich-als-Geist-Fühlen."

Von der negativen Seite her kann viel leichter darauf hingewiesen werden, wie sich ein Mensch fühlt, bei dem dieses

Gleichgewicht schwindet oder im Begriff ist zu schwinden. Zunächst lernt das Kind seinen Gleichgewichtszustand dadurch, daß es sich zwar selbst bewegt — z. B. beim Sich-Aufrichten oder beim Gehen — daß aber im Gegensatz dazu die Umwelt, wie der Erdboden, das Zimmer oder das Haus sich unbewegt in voller Ruhe befindet. Dies wird, im allgemeinen, auch der gewöhnliche Zustand sein, wenn wir uns im Gleichgewichte empfinden. Die Ruhehaltung wird aber bei manchen Personen sehr leicht gestört, sobald sich der dreidimensionale Raum in Bewegung zu setzen beginnt. Verschiedene Menschen reagieren sehr verschieden darauf. Es gibt Leute, die vertragen schon nicht mehr, wenn sie sich in einer Richtung zu schnell bewegen müssen; da können sie sozusagen nicht ganz mitgehen. Solche Menschen werden z. B. halb krank, wenn sie nur eine einfache Bahnfahrt auf ebener Strecke unternehmen. Andere vertragen es nicht, wenn sie nach zwei Richtungen bewegt werden. Dies ist beispielsweise auf den sogenannten „Berg- und Talbahnen“ der Fall, die als eine Art Belustigung in Vergnügungsparks häufiger errichtet sind. Am unwohlsten fühlen sich manche Menschen, wenn sie dauernd nach allen drei Raumesrichtungen hin- und hergeschaukelt werden. Dies erlebt man natürlich bei jedem Flug und jeder Schiffahrt.

Das Wesentliche unseres Erlebens des Gleichgewichts beruht vor allem darauf, daß wir bei jeder Änderung in den drei Raumesrichtungen der Außenwelt in unserem eigenen Organismus die entsprechende Dreidimensionalität aufrecht erhalten können und sie nicht von außen störend eindringen lassen. Wenn sie aber gestört wird, verlieren wir unser Gleichgewicht und dies bringt sehr peinliche Veränderungen für uns hervor. Vorher, solange wir noch im Gleichgewicht sind, bleibt uns körperlich das Gefühl für das Räumliche unbewußt. Wir können z. B. spazierengehen, die interessantesten Gedanken zusammenhalten, Probleme lösen — aber unser Gleichgewichtszustand kommt uns nicht zu Bewußtsein. Dies ist deshalb der Fall, weil alle Gleichgewichtsschwankungen des ganzen Körpers gleichsam in ihrer Entstehung sofort durch das Gleichgewichtsorgan ausgeglichen werden können.

Nun gibt es Menschen, die schon in e i n e r Raumesrichtung eine gewisse Schwäche des Gleichgewichtsinnes aufweisen. Sie können sich plötzlich im eigenen Leibe sehr bewußt erfühlen, wenn Bewegungen nach oben oder unten zu schnell erfolgen. Zu schnell will in diesem Zusammenhange nur bedeuten, subjektiv für den Betreffenden zu schnell; er kann mit seinem Gleichgewicht in der Richtung von unten nach oben nicht schnell genug nachfolgen. Besonders eindrucksvoll wird dies beispielsweise in einem Lift, der sich nach abwärts bewegt, empfunden. Damit wir uns im Gleichgewichte halten können, braucht man im allgemeinen für die Richtung von oben nach unten eine feste Unterlage: den Boden unter den Füßen. Wenn dieser, wie im abwärtsgehenden Lift, sich in die Tiefe bewegt, treten leicht Schwankungen unseres Gleichgewichtsempfindens auf. Diese führen dazu, daß wir uns plötzlich eines Nervenzentrums bewußt werden, dessen Wirken sonst meist im Unterbewußtsein verborgen bleibt. Dies ist das sogenannte Sonnengeflecht, unterhalb unserer Magengrube. In Wirklichkeit muß die Situation folgendermaßen aufgefaßt werden: Für gewöhnlich verhüllt sich die Funktion dieses Nervenzentrums unserem Bewußtsein, soweit der Gleichgewichtszustand in Betracht kommt, weil die Organe in den Bogengängen des Menschen einen Ausgleich schaffen. Aber eine Schwäche in dem Sinnesorgan verursacht eine erhöhte Durchlässigkeit für die von außen eindringenden Reize — also z. B. für das Herabsinken beim Fahren im Lifte. Als Folge davon tritt eine erste Störung des Gleichgewichtes auf. Sie wird vom Menschen wie eine allgemeine Unsicherheit empfunden — vielleicht nur für einen kurzen Augenblick — und ist von einem leichten Gefühl der Übelkeit gefolgt. Unser Seelisches drängt sich nämlich in einem solchen Falle zu viel in eine Region des Menschen, die für gewöhnlich nur halb, oder ganz unbewußt bleiben dürfte Durch bestimmte Bewegungen — denken wir zunächst nur an die nach abwärts gerichtete Fahrt im Lift — werden uns Prozesse fühlbar, die eben sonst die Schwelle des Bewußtseins nicht überschreiten. Wenn wir den physiologischen Beschreibungen und Gedanken Rudolf Steiners folgen [1]), handelt es

1) Siehe 1. Ärztekurs 1920. Vortrag XX.

sich in dem hier beschriebenen Prozeß um den Übergang des Verdauungsstromes aus dem Darmbereiche in die Lymph- und Blutwege. In dem Augenblick, wo wir mit irgendeinem unserer Sinne diese inneren Vorgänge wahrnehmen, fühlen wir uns unsicher, übel und unter Umständen auch schwindlig. Dieser Zustand würde eigentlich im Wachen ohne Unterbrechung für uns eintreten, wenn unsere Gleichgewichtsorgane nicht ständig daran arbeiteten, uns nach außen hin im Gleichgewichte zu halten. Durch die Fähigkeit dieser Organe wird es uns möglich gemacht, die richtige Raumorientierung im allgemeinen zu bewahren. Ist diese aber geschwächt — z. B. durch eine Erkrankung der Bogengänge im Ohre —, dann wird sozusagen die Außenorientierung abgedämpft. Als Rückschlag ergreift sich der Mensch im Innern gerade in der früher genannten Gegend und verliert die Körperbalance. So betrachtet, erscheint das Gleichgewichtsorgan des Menschen dazu bestimmt, sich einerseits sehr stark nach außen, im Raume, zu richten; aber zugleich trachtet es, nach innen zu eine Abdämpfung des Bewußtseins, eine Art Polsterung gegen die Region zu schaffen, die mit dem Übergang der Säfteströmung vom Darm in Lymphe und Blut zu tun hat. Es ist so, als brächte das Nachlassen der Tätigkeit unseres Gleichgewichtssinnes eine Verstärkung, ein In-das-Bewußtsein-bringen der Tätigkeit des sympathischen Nervensystems hervor. Es handelt sich dabei vor allem um das sogenannte Sonnengeflecht, den „Plexus coeliacus" oder „solaris".

Während es also bei manchen Menschen genügt, schon durch eine plötzliche Bewegungsänderung — besonders in der Richtung nach unten — die unterstützende Wirkung der Bogengänge und des sogenannten „Säckchens" bis zu einem bestimmten Grade auszuschalten, bleiben andere Individuen durch eine Fahrt in einem Aufzug unbeeinflußt in ihrem Gleichgewicht. Dagegen halten es schon weniger Leute aus, wenn auf einer „Berg- und Talbahn" Attacken in zweifacher Richtung, von oben-unten und nach vorwärts, auf das Gleichgewichtsorgan ausgeübt werden. Ähnliches, nur in der horizontalen Rechts-Links- oder Links-Rechts-Lage, gilt bei der kreisenden Bewegung eines Ringelspiels (Karussell). Die folgenreichste Störung des Gleichgewichtes trifft man schließlich auf einem Schiff oder auf einem Flugzeug, wo durch das Hochgehen der Wellen und durch die unterschiedliche Luftströmung ein ununterbrochenes Schwanken in allen Raumrichtungen (oben-unten und unten-oben, rechts-links und links-rechts, hinten-vorne) stattfindet. Durch diesen Einfluß des hohen Wellenganges oder der wechselnden Luftdichte wird die Sinnesorgan-Natur des Gleichgewichtssinnes außerordentlich stark abgelähmt und der Mensch empfindet sich in gesteigertem Maße in seinem eigenen Organismus. Je mehr er vor der Reise gegessen hat — so ist es wenigstens in vielen Fällen —, um so schlimmer wird die Seekrankheit. Aus der vorangehenden Darlegung scheint das ganz selbstverständlich; denn je mehr Substanz im Verdauungstrakt vorhanden ist, um so mehr will in die Lymph- und Blutwege eingehen. Gerade dieser Vorgang wird aber bewußter als sonst wahrgenommen und führt zu allen bekannten Symptomen der Seekrankheit.

Diese Auffassung des Leidens macht es uns erst verständlich, warum Rudolf Steiner davon sprechen konnte, wie man durch eine bestimmte Übung eine Hilfe gegen die Krankheit besitzt und sogar eine Überwindung derselben erreicht. Man kann versuchen, empfahl er, sich ganz als zu dem Schiffe gehörig zu betrachten, als wären wir mit demselben physisch fest verbunden; der Reisende soll alle Bewegungen des Bootes vollkommen bewußt mitmachen. Was gewinne ich dadurch? Ich erhöhe dadurch mit meinem persönlichen Ich die Sinneswachsamkeit des Gleichgewichtsorganes und werde auf diese Weise mit meiner Sinnestätigkeit nicht gewaltsam in die Tiefe meines Verdauungsprozesses gedrängt. Wer jemals versucht, diesem Rate auf einer Fahrt zu folgen, fühlt deutlich, wie man der herandrohenden Seekrankheit erfolgreich widerstehen kann — freilich nur so lange als man die Kraft aufbringt, die vorgeschlagene Übung richtig durchzuhalten.

Es ist eine Erscheinung, die für den Gleichgewichtssinn sehr charakteristisch zu sein scheint, daß sein Wirken sich eben ganz im Unbewußten vollzieht. Seine Tätigkeit tritt meist erst dann in das Bewußtsein, wenn eine Störung vorhanden ist. Ein Beispiel für die Richtigkeit dieser Anschauung ist die Erfahrung jener Leute, die offenbar einen besonders vollkommen ausgebildeten Gleichgewichtssinn besitzen, wie Akrobaten, Seiltänzer und ähnliche Artisten: sobald die Höhe, in der sie schweben, als Gefahr in ihr Bewußtsein kommt, verlieren sie leicht die große Sicherheit, die sie sonst besitzen und beginnen zu schwanken; und mancher Seilkünstler fiel in solchen Augenblicken des Bewußt-Werdens seiner Lage in die Tiefe. Ein teilweises Versagen des sehr empfindlichen Sinnes wird selbst schon durch eine äußere Wahrnehmung hervorgerufen. Manche Menschen können es z. B. nicht vertragen, auch wenn sie sich nicht bewegen, von einer beträchtlichen Höhe herabzublicken. Sie verspüren sofort ein Schwindel- oder Übelkeitsgefühl. Was ereignet sich in diesem Momente? Wir sind vollkommen daran gewöhnt, uns durch die räumliche Umgebung, in der wir leben, vom dreidimensionalen Raum aufgenommen zu wissen. Daß dies im wachen Zustande richtig geschehen kann, dafür sorgt eben — obwohl, oder sogar weil dies unbewußt bleibt — unser Gleichgewichtssinn. Für manchen bedeutet aber schon das Schauen in eine beträchtliche Tiefe — unter Umständen kann es sogar auch ein Blicken in die Höhe sein — den Verlust der drei Raumesrichtungen. Er vermag also nicht mehr, sich nach außen mit seinem entsprechenden Sinnesorgan zu orientieren. Diese Ausschaltung treibt ihn gewaltsam ebenso in seinen eigenen inneren Organismus, wie dies verstärkt beim Aufenthalt auf dem schwankenden Schiffe geschieht und sich in der Seekrankheit äußert.

Aus der hier vorgebrachten Auffassung der Funktion des Gleichgewichtssinnes wird es verständlich, warum z. B. Säuglinge und Kleinkinder, die noch nicht gehen gelernt haben, meist gar nicht seekrank werden. Sie haben eben den Raumsinn noch gar nicht so entwickelt wie ältere Kinder und Erwachsene. Sie kennen den Gleichgewichtszustand ihres Körpers noch sehr unvollkommen. Falls sie auf einem schwankenden Schiff sind, ist für sie gar keine Veranlassung dazu gegeben, sich von der äußeren der inneren Körperwelt zuzuwenden.

Man kann den Gleichgewichtssinn auch als eine Art von schützender Barriere gegen die Empfindung mancher Vorgänge im Inneren des Organismus auffassen. Solange der Sinn gesund und richtig funktioniert, werden wir draußen im Raume gehalten und bewahrt vor dem Erfassen und Erfühlen von gewissen Verdauungsprozessen. Es ist sogar mit ziemlicher Sicherheit zu behaupten, daß es sich eben um jene Vorgänge handelt, die sich abspielen, wenn der Speisebrei seinen Übergang von dem Darm in die Lymph- und Blutwege nimmt. In dem Moment liegt ja der große Sprung, wo die artfremde Substanz gleichsam von dem einen Ufer, also noch in der Darmwand befindlich, verschwindet — und wo dann plötzlich die arteigene, menschliche Substanz, auf dem anderen Ufer, jetzt schon im Bereiche der Lymph- und Blutgefäße, wie aus einem Abgrund auftaucht. Schwindel tritt auf, wenn dieser innerorganische Prozeß durch den fehlerhaft werdenden Gleichgewichtssinn zu intensiv und bewußt gefühlt wird. Man erlebt den Abgrund innen wirklich und verliert dadurch den Zusammenhang mit dem irdischen Raume nach außen. Zwei Erscheinungen sind durch diese Ablenkung auf den Prozeß im Organismus zu verstehen: der Schwindel, weil das Herein-gestellt-sein in der dreidimensionalen Richtung zu verschwinden droht und die Übelkeit mit Erbrechen, weil man aus Angst vor dem „Abgrunderlebnis" den Nahrungsbrei des Darmes lieber auf dem diesseitigen Ufer lassen möchte; dies wird am leichtesten bewerkstelligt, wenn der Brei sich mit der Peristaltik nicht weiter bewegt, sondern wieder zurück gegen die Speiseröhre geht und durch den Brechakt in die Außenwelt befördert wird.

Das Organ des Gleichgewichtes hat im gesunden Zustand bei seiner Wirksamkeit viel mit der Richtung von innen nach außen, also gegen die Außenwelt hin, zu tun. Das zeigt sich in einer physiologischen Tatsache. Unsere Muskulatur, vor allem die sogenannten willkürlichen Muskeln des Rumpfes und der Extremitäten, müssen in einer bestimmten Spannung sein, damit man sich im Sitzen, Stehen oder Gehen aufrecht erhält. Nun haben Erkrankungen — und auch Experimente — gezeigt, daß diese Spannung, die bekanntlich auch Tonus genannt wird, mit einem Teil des sogenannten Labyrinthes zu tun hat, das an die Bogengänge direkt grenzt. Ist also das Organ an bestimmten Stellen gestört oder krank, dann läßt auch die gesunde Muskelspannung nach und die Muskulatur wird weich [2]). Man kann sich den Zustand am besten so vorstellen: sobald die Raumbeziehung verloren geht, schwindet auch der Druck und Widerstand, der von den Muskeln geleistet werden muß, um das Gleichgewicht in der Außenwelt beizubehalten. Das ist wahrscheinlich auch der Grund — dieser Schwund des Tonus der willkürlichen Muskeln —, warum beispielsweise jemand, der von einer Höhe herabsieht und schwindlig wird, das besonders peinliche Gefühl der „Knieweichheit" bekommt. Es ist die Empfindung einer absoluten Schwäche in den Beinen, als müßte man langsam in die Knie sinken.

Nun ist es aber auch möglich, daß die Störung des Gleichgewichtes nicht von außen her eintritt wie bei der Eisenbahn- oder Seekrankheit, sondern von innen her, z. B. durch Unregelmäßigkeiten in der Verdauung. Wenn jemand am Morgen nach einer durchzechten Nacht aufwacht, leidet er oft unter Schwindel und Unsicherheit im Gehen. Durch die Überladung des Verdauungsorganismus mit Nahrungsstoffen wird zuviel Bewußtheit gerade in jenes Gebiet gebracht, wo die Verdauungssäfte den Übergang vom Darm in Lymph- und Blutgefäß-Umlauf finden sollen. Da wird die Welt der Sinne im Menschen innerlich zu lebendig. Diese Ablenkung von der Außenwelt bringt wieder einen Zustand räumlicher Unsicherheit hervor. Die umgekehrte Richtung, die der Speisebrei nach außen im Erbrechen nimmt, ist eben — auch im Sinne Rudolf Steiners — ein natürlicher Heilvorgang. Der Mensch bewahrt sich durch diesen Prozeß davor, entweder zuviel oder noch unverdaute Nahrung in seinen Säftelauf einzulassen. Bei dieser Hinorientierung auf die unmittelbar innen sich abspielenden Zustände geht aber die Fähigkeit — wenn auch nur vorübergehend —, sich richtig nach außen hin zu bewegen, verloren.

---

[2]) Anatomisch handelt es sich um den sogenannten Utriculus, der neben dem gesamten Labyrinth für den Muskeltonus die Hauptrolle beim Menschen spielen dürfte.

Der Sinn für das Gleichgewicht wird in solchen Momenten gestört.

Auf welche Weise immer wir die Giftwirkung des Alkohols auch erklären, sicher ist die Rückwirkung auf die Gleichgewichtshaltung im Menschen. Der Nerv des Gleichgewichtsapparates, der Nervus vestibularis, wird, neueren Untersuchungen entsprechend, durch Alkohol sogar direkt in seiner Substanz geschädigt. Zu den Symptomen der akuten Alkoholvergiftung — weniger wissenschaftlich Rausch genannt — gehört meist der schwankende, unsichere Gang. Diese Unsicherheit im Gleichgewichte überträgt der alkoholisierte Motorist auf seinen Wagen und wird zu dem gefährlichen Zickzackfahrer. Wenn man bedenkt, daß nach neueren Berichten z. B. in Amerika von 160 Millionen Einwohnern der USA 70 Millionen alkoholische Getränke genießen, eine Million etwa dem Alkohol absolut verfallen sind und 5 Millionen bis zum Exzeß trinken, dann hat es wohl seine Berechtigung, dies im Zusammenhange mit der Störung des Gleichgewichtes zu erwähnen [3]).

Für die Erziehung ergibt sich nun die große Frage, was getan werden kann, um den Gleichgewichtssinn gesund zu erhalten. Auch dafür gilt dieselbe Regel, die in bezug auf den Bewegungssinn im vorangehenden Kapitel geäußert wurde: das kleine Kind soll ja nicht mit Säuglingsgymnastik und ähnlichen Prozeduren gezwungen werden, den Sinn durch zu frühes Aufrichten und Gehen zu betätigen, ehe er noch voll entfaltet ist. Sind aber die Kinder durch eine natürliche Entwicklung einmal dazu gelangt, sich von ihrem Gleichgewichtssinn richtig führen zu lassen, dann muß alles getan werden, ihnen ihre Unbefangenheit nicht zu stören. Im alltäglichen Leben ist es gar nicht so einfach, sich dieser Regel zu unter-

---

[3]) (Professor Dr. Karl Bowman, von der Kalifornischen Universität „Neues Österreich" 27. 11. 1955.) Nach einem Zeitungsbericht, der sich auf eine gelehrte Statistik beruft, gibt es in Wien allein 150 000 Alkoholiker. Von diesen sind 100 000 als chronische Alkoholiker zu betrachten und 15 000 von ihnen sind völlig unfähig sich allein weiterzubringen, die letzteren sind pflege- und anstaltsbedürftig. Jeder zwölfte Wiener ist demnach als Alkoholiker zu betrachten. „Neues Österreich" 29. 1. 1956.

werfen. Das Kind will vielleicht auf den Tisch steigen, auf das Fenster — und könnte herunterfallen. Es klettert über Gräben und Zäune, auf Bäume — und man befürchtet einen Sturz. Am besten ist es noch, wenn der Erwachsene das Kind möglichst unauffällig beobachtet, um es im geeigneten Augenblicke vor dem Fall zu bewahren — aber das fortwährende Mahnen „Du wirst fallen", zerstört viel in einem jungen Wesen. Nach dem dritten Jahre wird die früher genannte Eurythmie, und noch viel später eine richtige Gymnastik, die den Körper vor allem leicht machen soll, von größter Hilfe sein.

Es ist aber, unserer Beschreibung entsprechend, einleuchtend, daß eine Diät von Nutzen sein muß, die den Verdauungstrakt nicht zu sehr belastet. Zuviel Fett, dunkles Fleisch, oder schwere Gemüse wie Bohnen und Linsen, zwingen den Menschen viel zu sehr, sich auf die inneren Leibesvorgänge zu besinnen und sein Raumempfinden von außen nach dem Körperinnern zu richten.

Von größter Wichtigkeit wird es für das Leben eines Menschen sein, welche Eigenschaften seiner Seele geeignet sind, die Bildekräfte zu unterstützen, die mit dem Gleichgewichtssinn zusammenhängen.

Aus der ganzen Schilderung dieses Sinnes kann man erkennen, daß es die Selbstlosigkeit ist, die der Tätigkeit des Organes die geeignete Hilfe bedeuten wird. Jemand muß sich selbst ganz bewußt aufgeben können, also nicht auf seine Egoismen hören wollen, um zu erreichen, daß er den Lebenskräften die gleiche Stärkung zuführt, wie es der gut funktionierende Gleichgewichtssinn auch selbst tut. Wir müssen bewußt unseren Willen dazu bringen, wozu uns der richtig arbeitende Sinn auch führen kann: zu dem „Sich-als-Geist-fühlen". Um Kindern echte Selbstlosigkeit in erzieherisch-empfehlenswerter Weise vorzuführen, wird man gut tun, ihnen das Leben von Heiligen in der richtigen Andachtsstimmung zu erzählen. Besonders eindrucksvoll wirkt z. B. oft die Lebensgeschichte des heiligen Franziskus von Assisi. Sie weist in bemerkenswerter Art auf das völlige Auslöschen aller egoistischen Regungen hin; auch das Gelübde der Armut hat auf Kinder der Pubertätszeit einen nachhaltigen Einfluß. Gerade in dieser Periode der Entwicklung wird es wichtig sein, ein moralisches Gegengewicht für die im jungen Menschen wuchernden Egoismen zu schaffen. Aber auch in jedem späteren Alter kann es nur von Vorteil sein, in der Seele diese Gefühle der Selbstlosigkeit durch das Studium mancher Heiligenlegenden zu wecken.

Diese Beziehungen zwischen dem Gleichgewichtssinn auf der einen Seite und Selbstlosigkeit auf der anderen, mag zunächst erstaunlich erscheinen. Und doch zeigt das Leben unter den Menschen leicht eine Bestätigung ohne große Schwierigkeit. Man wird finden, daß Leute mit gut ausgeprägtem Gleichgewichtsgefühl von Natur aus eine große Selbstlosigkeit an den Tag legen. Gewisse Berufe können z. B. nur von solchen Menschen ergriffen werden, die gut ausgebildete Gleichgewichtsorgane besitzen. Hierzu sind beispielsweise Feuerwehrleute, Bergführer und gewisse Artisten zu rechnen. Die Erfahrung lehrt zweifellos, daß man immer wieder von der aufopfernden Selbstlosigkeit mancher Feuerwehrmänner hört, oder von den, keine Rücksicht auf sich selbst nehmenden Bergführern. Es ist ferner eine Tatsache — die vielleicht weniger bekannt ist —, daß unter den akrobatischen Artisten im allgemeinen eine außergewöhnliche gegenseitige soziale Hilfsbereitschaft vorhanden zu sein pflegt. Sie läßt auf einen hohen Grad von Selbstlosigkeit unter diesen Menschen, die einem schweren Berufe folgen, schließen.

V.

GERUCHSSINN

Der Geruchssinn ist im Menschen ganz frühzeitig entwickelt und man konnte nachweisen, daß Kinder schon kurz nach der Geburt, nach Stunden sogar, eine ausgesprochene Geruchsempfindung besitzen müssen. Dies hat vermutlich auch damit zu tun, daß das Riechen an den Atemstrom gebunden ist. Denn die Substanz, die gerochen werden soll, muß im gasförmigen Zustand vorhanden sein und wird fast ausschließlich durch die Einatmung an die riechempfindlichen Stellen geleitet. Nachdem das Erdenleben mit dem Atmen seinen Anfang nimmt, ist das Riechen möglich, sobald das Kind durch seine Nase die Luft einziehen kann. Bei der Berührung der mit Geruchsstoffen durchtränkten Luft mit dem Geruchsorgan handelt es sich um einen sehr verfeinerten Prozeß. Die Gegend der inneren Nase, die aufnahmsfähig für die Gerüche ist, umfaßt beim Menschen den oberen Teil der Nasenscheidewand und die Mitte der oberen Nasenmuschel. Es ist also ein verhältnismäßig kleiner Raum, verglichen mit dem Gesamtraume, den die Nase innerlich einnimmt, in den der Luftstrom mit den in ihm enthaltenen Gerüchen eingesogen wird. Die Verteilung einer Substanz in der Luft kann in einer außerordentlichen Weise verdünnt sein und doch ist man noch imstande, einen bestimmten Geruch wahrzunehmen. So wird z. B. $^1/_{30000}$ mg Brom oder $^1/_{50000}$ mg Schwefelwasserstoff, die in 1 ccm Luft enthalten sind, durch den Geruchssinn wahrgenommen. Rosenöl soll schon in einer Verdünnung von $^1/_{200\,000}$ mg geruchsfähig sein.

Bei der Auflösung von fester Materie in Flüssigkeit kommt der volle Charakter der Stoffe zur Geltung. Die Chemie hatte es sich doch zu einer ihrer wesentlichen Aufgaben gemacht, herauszufinden, was sich bei der Auflösung von Substanzen und bei der in der Flüssigkeit sich abspielenden Mischung und Entmischung an Eigenschaften der Stoffe offenbart. Potenzierung und rhythmisch durchgeführte Verdünnung — im Sinne der Homöopathie — hat auch gezeigt, wie durch immer feinere Verteilung das Wesen der Materie sich deutlicher zeigt. Frau Koliskos Arbeiten auf diesem Gebiete beweisen die Tatsachen ganz eindeutig [1]). Die eigentümliche Intimität, die wir mit dem Riechen verbinden, liegt nicht zuletzt an dem Umstande, daß die geruchsempfindlichen Zellen der Nase vielleicht von allen Sinneszellen am allernächsten zu dem Zentralorgan — dem Gehirn — liegen, ohne daß sich erst so komplizierte Bildungen wie bei anderen Sinnesorganen (etwa Augen, Ohren) vorlagern. Der Geruchssinn hat sich zu einem Sinnesorgan entwickelt, das für Substanzen empfindsam wird, die sich auch in ganz feiner Verteilung dem Luftstrome beimengen. Die Zartheit und Empfindsamkeit des Organes macht sich auch dadurch bemerkbar, daß die Riechnerven verhältnismäßig schnell zu ermüden scheinen, besonders wenn starke Gerüche an sie herandringen. Für manche Gerüche tritt die Erlahmung schon nach Minuten ein. Von dieser Ermüdung erholen sich aber die Sinnesnerven auch wieder schnell, in manchen Fällen z. B. sogar schon nach einer Minute.

Bei allen Sinnen, wie dies auch schon wiederholt gezeigt worden ist, spielt es eine wichtige Rolle, inwiefern im Menschen die Sinnesempfindungen in das Reich des Wachstums und der Formkräfte hinüberspielen. Es ist das Gebiet des Ätherischen oder der Bildekräfte, wie Rudolf Steiner die Region nannte, die mit dem Lebendigen an sich zu tun hat. Diese Beziehung ist am leichtesten vielleicht in dem Lichte und den Augen zu merken. Bei den seit langer Zeit erblindeten Menschen sieht man einfach unmittelbar, wie der Mangel an dem von dem Sinnesorgan aufgenommenen Licht, den gesamten Lebenszustand beeinflußt. Die Lebendigkeit der Haut z. B. nimmt ab, was an dem Nachlassen ihrer Durchblutung und an der Hautspannung selbst deutlich zu erkennen ist. Der Einfluß des Riechorganes auf den Zustand der Lebenskräfte ist noch

[1]) L. Kolisko, Physiologischer und physikalischer Nachweis der Wirksamkeit kleinster Entitäten. Stuttgart 1923.

viel weniger untersucht. Ja schon der Gedanke an die Möglichkeit solcher Beeinflussung ist ziemlich ungewöhnlich. Es liegen auch diesbezüglich, soweit mir bekannt ist, kaum wirkliche Untersuchungen vor. Es scheint auch so zu sein, daß verschiedene Völker verschiedene Empfindlichkeiten diesbezüglich aufweisen. Ein Engländer ist sehr peinlich berührt in seinem ganzen Lebensgefühl, wenn er in einen menschenerfüllten Saal eintritt, in dem es sozusagen nach den im Raume befindlichen Leuten riecht. Es ist zunächst gar nicht der etwas geringere Sauerstoffgehalt der Luft allein, sondern der eigentümliche stickige Geruch, der von einer Menschenansammlung herrührt, der nicht vertragen wird. Der Engländer will lieber nichts riechen, aber keineswegs die dumpfe Atmosphäre spüren, die von vielen Personen herrührt. Daher werden von ihm die Fenster weit geöffnet, um möglichst frische — also nicht unangenehm riechende — Luft einzulassen. Kontinentale Europäer sind dafür meist viel weniger empfindlich.

Wenn wir bedenken, daß man beim Riechen sich sehr intensiv mit etwas verbindet, das von außen herankommt, so erscheint es wie ein Widerspruch, daß der Duft selbst nur flüchtig, also auf kurze Zeit, gefühlt wird. Die Flüchtigkeit liegt aber nur darin, daß der Geruchssinn eben schnell ermüdet. Jemand riecht an einer Blume, aber nach einem Atemzug entschwebt ihm schon der Geruch, nach einer Pause erfolgt dann ein mehr oder weniger bewußtes Einziehen der äußeren Luft und damit verbindet sich wieder der ausströmende Veilchenduft auf kurze Zeit mit dem Sinnesorgan. Dieser Widerspruch zwischen Intensität und Flüchtigkeit beim Riechen ist aber nur scheinbar und in dem Wesen des Geruchsvorganges tief begründet. Das Geruchserlebnis ist nämlich, wie noch zu beschreiben sein wird, von solcher Art, daß es für gewöhnlich nur erträglich bleibt, wenn es auch eine gewisse Flüchtigkeit in sich hat. Beim Sehsinn liegt etwas Verwandtes vor, das aber bei weitem nicht so dominierend erscheint wie im Riechen. Wir schließen unsere Lider immer wieder, nachdem wir eine kurze Zeit geschaut haben, weil wir ein ununterbrochenes Schauen gar nicht aushalten. Die Unterbrechung durch den mehr oder weniger rhythmischen Lidschluß gehört einfach zu einem gesunden Sehen. Das ist leicht begreiflich und zu beobachten. Im Riechen tritt diese Unterbrechung nicht bloß durch die Atmung ein; die ganze Luftatmung ist sozusagen zu kräftig für den Geruchssinn und deshalb vollzieht sich die Unterbrechung schon im Riechorgan selbst. Sobald die Empfindungen zu lange andauern, kann nichts mehr von den Gerüchen aufgenommen werden. Erst nach einer kurzen Zeit öffnet sich das Organ gewissermaßen wieder. Bleibt aber der gleiche Duft unverändert, dann ist die Ablähmung so stark, daß die Wahrnehmung des Geruches nicht mehr möglich wird. Im gewöhnlichen Leben, wenn man nicht weiter über solche Dinge nachdenkt, wird einfach erklärt: nun hat sich der Mensch schon daran gewöhnt. In Wahrheit bedeutet dies aber nichts Geringeres als daß jemand sein Geruchsempfinden nach einer bestimmten Richtung abtöten muß. Diese Ablähmung der Geruchsnerven für manche Sensationen ist auch das Geheimnis, warum der Mensch im allgemeinen unempfindlich gegen seine eigene Geruchsaura ist, wenn es erlaubt ist, einen solchen Ausdruck zu gebrauchen. Jeder lebt ständig im Bereiche dieser Aura, und wenn dieselbe immer gleich bleibt, ist seine eigene Geruchsempfindung dagegen unempfindlich. Da nun die weißen Rassen, als Ganzes betrachtet, eine gewisse Verwandtschaft in ihren Geruchsausdünstungen haben, werden dieselben — weil man als Weißer eben immer darin lebt — weniger davon berührt und belästigt, als wenn sie dunklen Rassen gegenübertreten [2]). Der Geruch wird in diesen Fällen sehr intensiv empfunden, weil man als Angehöriger einer weißen Rasse eben selbst nicht in der Ausstrahlung der anderen dunkelhäutigen Völkerangehörigen lebt.

Welcher Art ist eigentlich die große Intimität des Geruchserlebnisses? Dies ist vielleicht am leichtesten durch folgende Überlegung klar zu machen: einerseits teilt sich der Luft in der feinverteilten Substanz, die gerochen wird, etwas sehr Wesentliches von dem Ausgangsort oder besser des Ausgangskörpers mit, von dem eben der Geruch stammt; andererseits

[2]) In diesem Zusammenhang braucht nicht berücksichtigt zu werden, daß die Verschiedenheit der Ausdünstung bei den schwarzen Völkern mit der Secretion der Hautdrüsen selbst zusammenhängt.

dringt aber diese feinverteilte Substanz tief in unsere Organisation ein, schon rein dadurch, daß sie in der Atemluft vorhanden sein muß. Beispiele können zeigen, was damit gemeint ist. Nun ist es wirklich schwer, ein wirkliches Geruchsspektrum aufzustellen; wahrscheinlich wird dies auch kaum in sinngemäßer Weise durchführbar sein, weil die Vielfalt der Gerüche zu groß zu sein scheint; jede Schematisierung wird viel zu einengend sein. Hier soll eine solche auch gar nicht versucht werden. Dagegen sei mehr auf das Geruchserlebnis selbst hingewiesen, das sich uns darbietet. Ein großer Unterschied — wenn wir die Übergänge nicht besonders in Betracht ziehen — besteht z. B. zwischen Gerüchen, die dem Tierischen und denen, die dem Pflanzlichen entströmen. Wir erleben etwas sehr Intimes, zu den Tieren sehr wesentlich Zugehöriges, wenn wir in dem Stall eines Löwen, eines Tigers, eines Elefanten, eines Pferdes auf die Gerüche achten, die von der Anwesenheit dieser Lebewesen kommt. Die Geschöpfe offenbaren sich uns weitgehend in den Gerüchen. Der Mensch kann dies sehr bewußt erleben, wie sich im Geruche eines Löwen das Lauernde und dabei Draufgängerische unmittelbar offenbart, im Tiger aber das noch viel Rastlosere und Blutbegierige spürbar ist, während einem der Geruch von Pferden mehr eine Art Nervosität verrät, die bis zu einem gewissen Grade gebändigt ist.

Es enthüllen sich in den Gerüchen, die von den Tieren stammen, für den Menschen ganze Welten, in die er ohne sein Geruchsorgan fast nicht eindringen könnte. Bei tierischen Gerüchen fühlt man in seiner eigenen Seele sehr oft etwas Eigentümliches. Der Geruch z. B., den manche Katzen verbreiten, beeinflußt ganz stark eine bestimmte Stimmung. Sie führt zu etwas Anheimelndem, wie es eine Wohnung oder ein Haus haben kann, das man schon sehr lange bewohnt. Zugleich aber teilt sich einem ein Empfinden mit, das aufsteigt, wenn Gewohnheiten altern und wir uns doch nicht von ihnen losmachen können. Man soll versuchen, sich ja nur so recht lebhaft in all das einzufühlen, was so ein Geruchserlebnis an einer Katze in uns selbst wachruft — oder uns auch träumen läßt. Im Seelischen des Menschen sind sehr viele Eigenschaften — gerade jene am meisten, die uns ziemlich unbewußt bleiben —, die sich mehr einseitig in gewissen Tierarten ausgeprägt zeigen. Hat jemand z. B. das Katzenartige sehr ausgeprägt in seinem Charakter, dann entwickelt er leicht die Neigung, dieses Katzenwesen in sich auch besonders stark zu lieben. Er sammelt Katzen im Hause und wünscht deren Geruchsaura um sich zu haben. Ähnliches ist an der Beziehung zu anderen Tieren beobachtbar. Ich erinnere mich an einen Arzt, der etwa acht große Fleischerhunde in seiner Wohnung hatte, die z. B. während des Tages ohne weiteres in seinem Bette schlafen durften. Ich weiß auch von einer verheirateten Frau, die sieben große russische Windhunde in einem verhältnismäßig kleinen Hause besaß und sie bei jeder Erkrankung aufmerksam pflegte. Die Häuser rochen in beiden Fällen nur nach Hunden.

All dies drückt sich auch in dem Verhalten aus, das die Menschen zu den entsprechenden Tiergerüchen haben können. Was sich da abspielt, bleibt oft völlig unbewußt —, aber ein von einem anderen Hause kommender Mensch, der in sich keine „Hundenatur" ausgebildet hat, wird vielleicht von dem Geruche der Hunde direkt abgestoßen. Es gibt doch Leute, die von dem Geruche, der Pferden entstammt, ganz fasziniert sind. Sie spüren sich völlig verwandt mit dem Tier, wenn sie dessen Nähe riechen. Sie können sich sogar ganz auslöschen — wie dies eben bei dem Geruchserlebnis sehr leicht passieren mag — und atmen die fremde Welt des Pferdes völlig in sich ein.

Viele Seiten des Gefühlslebens werden durch den Geruchssinn sehr unmittelbar erregt. Will man solche Gefühle werten, so steigen nicht immer gerade die hohen Gefühle in uns empor, wenn der tierische Geruch an uns heranströmt. Es sind mehr dumpfe, niedrige Gefühle, die durch die Nase dabei erregt werden. Manche Menschen äußern eine gesunde Abneigung gegen diese tierischen Ausdünstungen, sie haben das Gefühl, als würden sie fortwährend von etwas Unreinem durchzogen.

Diese Empfindung der Unsauberkeit steigert sich allerdings um vieles und wird von den meisten Menschen in gleicher Weise abgelehnt, sobald es sich um die Gerüche handelt, die aus den menschlichen Ausscheidungen aufsteigen. In diesen Produkten ist ein Prozeß zu Ende gekommen, mit dem wir eigentlich nichts mehr zu tun haben wollen, soweit wir irgendwie moralische Wesen sind. Anders ist es ja diesbezüglich bei den Tieren, die meist sogar mit viel Vergnügen an den Excrementen ihrer Stammesgenossen herumschnüffeln. Sie erleben dadurch, in außerordentlich hohem Maße sogar und wahrscheinlich auch sehr lebendig, das andere Geschöpf durch das Geruchsorgan [3]).

Dagegen sind die Darmausscheidungen der Pflanzen fressenden Vierfüßler meist gar nicht abstoßend, weil in diesen Substanzen noch viel Lebendiges erhalten bleibt — das ja schließlich als Dünger der Erde zur erhöhten Fruchtbarkeit verhilft.

Es soll daran erinnert werden, wie erstaunlich vollkommen der Geruchssinn vieler Tiere ausgebildet ist. Allerdings bezieht sich diese große Vollkommenheit auf zwei Funktionen vorzüglich, die durch den Geruchssinn angeregt und zum Teil durch ihn geleitet werden. Beiden Trieben wird durch das Riechen gedient: dem Nahrungs- und Geschlechtstrieb. — Die Raubtiere riechen ihr Beutetier schon lange, ehe sie es mit den Augen wahrnehmen können, und die auf den Weiden lebenden Tiere spüren durch die Nase genau, ob ihnen eine bestimmte Pflanze zuträglich ist. Ohne zu kosten, zieht solch ein Tier erst mit der einen, dann mit der anderen Nasenhälfte den Duft ein, der z. B. einer ungewohnten Frucht oder Pflanze entströmt; dann erst entschließt es sich, seinen Nahrungsbedürfnissen entsprechend, die Substanz entweder zu fressen oder liegen zu lassen. Ebenso gut ist auch das Geruchsorgan bei vielen Tieren, besonders während der Brunstzeit, ausge-

---

[3]) Dies hat für die Tiere wahrscheinlich auch eine große Bedeutung. So wird z. B. von sehr ernst zu nehmenden Naturforschern behauptet, daß das viele Urinlassen der Hunde an so vielen Plätzen eine bestimmte Bedeutung hat. Der zurückgelassene Geruch soll sozusagen das Herrschaftsbereich des betreffenden Tieres abstecken. Ähnliches soll die Schwanzdrüse des Dachses mit ihrem Secret bewirken. Auch von anderen Tieren, z. B. Bären wird angegeben, daß sie an Bäumen durch Reiben ihres Pelzes „Duftmarken" zurücklassen wollen. (Siehe: Buddenbrock. Vergleichende Physiologie. Band I: Sinnesphysiologie. Verlag Birkhäuser, Basel, 1952.

bildet, um den andersgeschlechtlichen Partner zu entdecken. Für die Menschen sind die Beziehungen beider Triebe zum Geruchserlebnis ziemlich abgeschwächt vorhanden; beim genaueren Zusehen aber kann sich einem ergeben, daß die wissenschaftlich allgemein angenommene Tatsache — Abschwächung, ja Degeneration des Geruchssinnes im Menschen, verglichen mit verschiedensten Tieren —, gar nicht so ohne weiteres behauptet und hingenommen werden dürfte. Beim Menschen besteht eine sehr große Verfeinerung des Riechens, deren Grund nur in der dem Menschen allein eigentümlichen moralischen Fähigkeit erblickt werden kann. Zwar ist es richtig, daß die wenigsten Leute eine so gute Nase in bezug auf eßbare Substanzen besitzen, die für sie zuträglich sind, wie dies für Tiere auf der Weide zutrifft, noch daß das Geruchserlebnis in sexueller Hinsicht von so überragender Bedeutung zu sein pflegt wie für viele Tiere. Dagegen besteht die Verfeinerung darin, daß der Mensch ein ganz zartes Empfinden von Moral gleichzeitig mit dem Riechen spüren und sich sogar anerziehen kann. Er muß nur genau darauf achten — nicht hinzuhören, aber hinzuriechen, was ihm sein Geruchsorgan übermittelt. Am eindringlichsten begegnet einem dies, sobald man sich dem Pflanzenreich zuwendet. Der Geruch der roten Rose (von der Schönheit im Anschauen soll im gegenwärtigen Zusammenhange weniger die Rede sein) hat wirklich etwas von tiefer Liebe in sich. Die in vielen Gedichten verherrlichte Bescheidenheit des Veilchens, die mehr durch die Verborgenheit des Wachsens inspiriert zu sein scheint, entströmt in einer wunderbaren Art auch dem Geruch der Pflanze. In erstaunlicher Weise ist in dem Nelkenduft etwas Muterweckendes, zu frischem Tun Aufmunterndes, vorhanden; dies ist kaum zu beschreiben, aber leicht zu erleben. Hebbel spricht einmal vom Duft der Blume und sagt in einer Zeile:

„Der Duft läßt Ew'ges ahnen,
Von Unbegrenztem voll;..."

In einem anderen Gedichte, Hebbels „Linde" [4]), wird das Geruchserlebnis ebenfalls schön beschrieben:

---

[4]) „Blume und Duft". Friedrich Hebbel, Vermischte Gedichte.

„Ich schritt vorbei an manchem Baum
Im Spiel der Morgenwinde,
Ich schwankte hin in wachem Traum
Und sah nicht, wie der Blinde.
Doch plötzlich fuhr ich auf im Traum
und rief: ‚O Gott wie linde.‘
Ich fand mich unterm Lindenbaum,
Er hauchte Duft im Winde.
Ich aber sprach: ‚Du süßer Baum,
Dich grüßt wohl auch der Blinde,
Der Deinen Namen selbst im Traum
Noch nie gehört, als Linde.‘“

Auch die umgekehrte Erfahrung kann verstanden werden, wenn in uns einmal bewußt wurde, wie in der Seele ein bestimmtes in das Moralische gehende Gefühlserlebnis, durch einen Blumengeruch hervorgerufen wird. Die umgekehrte Erfahrung wäre nämlich, daß wir ein Seelenerlebnis so haben, als ob wir einen bestimmten Geruch einatmen würden. Rudolf Steiner erwähnt folgendes:

„Wenn man die Mystik des Tauler, des Meister Eckart nimmt, dann hat man so etwas von einem Geruch, wie etwa die Rautepflanze riecht, einen herben, aber nicht unsympathischen Geruch [5]).“

Damit aber finden wir gleichzeitig den Weg zu einem Verständnis dessen, was das Geruchserlebnis in höchstem Ausmaße bedeuten kann. Es führt zum vollkommenen Eingehen und Erfassen eines anderen, wie es der Mystiker beschreibt, wenn er von dem Sich-Vereinigen mit Gott spricht. Durchdringt uns ein Geruch mit seiner geheimnisvollen Kraft, so erfährt dies der Mensch unter Umständen in der Weise, „daß er es als mystisches Einssein mit Gott empfindet“.

Im Geruchssinn gibt der Mensch sich selbst eigentlich völlig auf, wie sich der Mystiker aufgibt im inneren Begegnen mit Gott. Tauler schildert das Erlebnis: „Soll der Mensch in der Wahrheit mit Gott eins werden, so müssen alle Kräfte auch des inwendigen Menschen sterben und schweigen. Der Wille

---

[5]) (Die Zwölf Sinne des Menschen. 8. 8. 1920.)

muß selbst des Guten alles Willens entbildet und willenlos werden [6]."

Noch etwas weiteres wird uns verständlich, was manchem Menschen der Gegenwart schwer fällt zu begreifen, wieso man nämlich mit seinem Denken dahinkommen kann zu behaupten, daß der Gott ohne den Menschen sinnlos wird, wieso die Welt ohne die Menschen ihren halben Sinn verlieren muß. Erinnern wir uns aber daran, wie z. B. das Veilchen oder die Nelke nicht vollkommen sind, wenn nicht jemand an ihnen riecht, um jene Moralität aus ihnen zu schöpfen, die sich dem Geruchsempfinden ergibt und erst durch dieses offenbar wird. Im Erfassen der wahren Natur des Riechens wird der Ausspruch eines Angelus Silesius klar durchschaubar:

„Ich weiß, daß ohne mich Gott nicht ein Nu
kann leben;
Werd' ich zunicht, er muß vor Not den
Geist aufgeben."

Durch das Riechen wird erlebt, was der Mystiker im Inneren der Seele als wichtige Offenbarung hat, „wenn er in den Abgrund seiner Seelentiefen hinuntersteigt. Dort spricht nicht mehr der einzelne Mensch, dort spricht Gott. Dort steht nicht der Mensch, Gott, oder die Welt; dort sieht Gott sich selbst [7]."

Für drei Sinnesvorgänge zusammen macht Rudolf Steiner eine Bemerkung, die auch hier besondere Erwähnung verdient: „Dasselbe können Sie nicht sagen, wenn Sie den objektiven Vorgang beim Schmecken ins Auge fassen, oder beim Riechen, oder gar — sagen wir — beim Tasten. Da liegt durchaus ein Weltvorgang vor [8]."

Auf diese Weise leitet einen die Erkenntnis der Sinne an, die tiefsten Rätsel des Daseins zu verstehen. Man erfaßt auf solche Weise einen wichtigen und wesentlichen Unterschied

---

[6] (Zitiert von Rudolf Steiner in: „Die Mystik im Aufgange des neuzeitlichen Geistelebens und ihr Verhältnis zur Modernen Weltanschauung". 1924. Der Kommende Tag A. G. Verlag Stuttgart.)

[7] Rudolf Steiner. „Die Mystik im Aufgange."

[8] „Der Mensch als Sinneswesen und Wahrnehmungswesen." 3 Vorträge. 22.—24. Juli 1921. Dornach. Phil. Anthrop. Verlag. 1939.

zwischen Mensch und Tier; denn die Vollendung, die z. B. das Veilchen dadurch erhält, daß der Mensch im Riechen die Moralität der Blume erkennt, diese „Erhöhung“ der Pflanze, kann das Tier nicht „erschaffen“.

Man muß wohl den Schluß ziehen, daß nach allem, was bisher gesagt worden ist, auch der Geruchssinn seine große und besondere Bedeutung für den Menschen hat. Es sollte die Erziehung deshalb etwas mehr Wert auf die Pflege dieses Sinnes legen als dies für gewöhnlich von seiten der Lehrer und Erzieher geschieht. Die erhöhte Aufmerksamkeit, um eine bessere Entwicklung des Geruchssinnes zu erzielen, kann nach zwei Seiten hin gerichtet sein. Die eine ist die mehr passive und sollte selbstverständlich sowohl in der Zeit des Kleinkindes, wie in den Schuljahren bis zur Pubertätszeit sehr genau berücksichtigt werden. Dies will besagen, daß darauf geschaut werden muß, das Kind in einer gesunden Geruchsatmosphäre aufwachsen zu lassen. Dazu gehört, um auch die primitivsten Dinge nicht zu vergessen, eine gewisse natürliche Reinlichkeit in der Umgebung der Kinder. Wird die Wohnung nicht sauber gehalten, die Wäsche vernachlässigt, werden die Betten nicht ordentlich gelüftet, haftet der Fischgeruch aus der Küche allen Zimmern an, riecht im Haus alles nach dem Tabakrauch, den Vater oder Mutter oder beide in die Lüfte paffen, so beraubt man das Kind der Möglichkeit, seinen Geruchsinn richtig zu entfalten. Im Winter muß das Augenmerk ganz besonders auf die Atmosphäre in den Wohnzimmern gerichtet sein. Es ist z. B. erstaunlich, wie häufig man in den Wohnräumen den unangenehmen Rauchgeruch von verheizter Kohle spürt, gar nicht zu reden von dem chronischen Gasgeruch, der in englischen Wohnungen der ärmeren Bevölkerung noch immer angetroffen wird.

Ebenso sind die Gerüche in den Klassenzimmern vieler Schulen oft sehr peinlich, besonders wenn die Eltern nicht selbst auf ein gewisses Maß von Reinlichkeit in der Kleidung ihrer Kinder schauen. Aber die Schulräume selbst müssen ihre entsprechende Pflege gründlich erhalten. Es ist z. B. gar nicht ratsam, sagen wir in einem Saal für Gymnastik, eine Klasse nach der anderen sofort einzulassen, ohne daß die Atmosphäre vorher entduftet wird, was ja durch tüchtiges Lüften in wenigen Minuten leicht zu erreichen ist. Empfindliche Menschen können einerseits eine richtige Schwäche ihrer Geruchsempfindungen vom jahrelangen Aufenthalt in solchen Räumen davontragen, andererseits werden manche nur unangenehme Erinnerungen vom Arbeiten in den Klassen ihr ganzes Leben lang bewahren. Ich könnte z. B. einen Erwachsenen anführen, der selbst heute, nach vielen Jahrzehnten, die Peinlichkeiten eines Mathematikunterrichtes mit der dumpf riechenden Luft des Klassenzimmers, in dem damals noch Gaslicht brannte, verbindet.

Die Ausschaltung solcher negativen Seiten der Erziehung können in vernünftiger Weise und ohne Übertreibung geschehen. Damit ist auch wieder gemeint, daß die Durchlüftung nicht dazu führen darf, kalte Wohnungen und Schulräume zu haben, die ebenfalls ihre besonderen Nachteile besitzen! Um den Geruchssinn richtig zu beeinflussen, genügt es natürlich nicht, nur die genannten Tatsachen auszuschalten. Es ist nötig, den Kindern ein gesundes Gefühl für gute und natürliche Gerüche beizubringen. Dies stößt auf große Schwierigkeiten, da die Menschheit in der Gegenwart gerade durch die Industrie der Seifen- und Parfüm-Fabrikation in bezug auf ihre Nase vollkommen verdorben ist. Allmählich müßte wieder ein Verständnis erweckt werden für die heilsame Verwendung des Aroma, das den Pflanzen entströmt.

Wie es heutzutage viele Kreise gibt, die für eine unverfälschte Nahrung kämpfen, so müßte in ganz strenger Weise für die Anwendung natürlicher Geruchstoffe eingetreten werden. Wenn die Menschen das Verlangen z. B. nach riechenden Seifen und Haarölen haben, sollten sie nur die wundervollen Pflanzenriechstoffe verwenden, wie sie aus Rosen, Rosmarin, Veilchen, Maiglöckchen und vielen anderen Blüten, Blättern oder Wurzeln genommen werden können. Was aber von der Parfümerie-Industrie gegenwärtig meistens geliefert wird, ist alles künstlich chemisches Fabrikat, mit dem die Menschen überschüttet werden. Die Wirkung ist für den Geruchssinn, ohne daß dies sofort bemerkbar wird, mindestens ebenso zerstörend wie die Grammophon- und Radiomusik für das menschliche Hören.

Die zweite Seite, die berücksichtigt werden soll bei der Erziehung zu einem gesunden Geruchssinn, ist die mehr aktive. Man muß im Unterricht die Bedeutung des Geruchserlebnisses sehr stark im Bewußtsein tragen, ähnlich wie dies bei der Besprechung des Tastsinnes in dem entsprechenden Kapitel erwähnt wurde. Welcher Lehrer denkt heutzutage daran, seinen Schülern eine „Geruchserziehung" angedeihen zu lassen? Höchstens im Chemieunterrichte gibt es immer wieder einige Hinweise auf bestimmte Gerüche — stechender Chlor-Geruch, nach faulen Eiern riechender Schwefelwasserstoff, etc. — aber dieser Unterricht spielt meist nur bei den älteren Kindern eine gewisse Rolle. In Wirklichkeit ist es gar nicht schwer im Unterrichte, das Augenmerk auf den Geruchsinn der Kinder zu lenken, wenn sich der Pädagoge nur daran erinnert. Es hätte einen sehr wohltätigen Einfluß, z. B. auf den Geruch gewisser Hölzer einzugehen: man läßt die Schüler Tannen-, Fichten-, Birken-, Ahornholz riechen. Sie könnten direkt geprüft werden, nach einiger Übung die Substanzen nur an dem Geruche wahrzunehmen. Mit geschlossenen Augen nehmen sie den verschiedenen Duft der Blumen in sich auf und sollen die entsprechenden Blüten erkennen können. Wir brauchen wohl kaum zu betonen, daß dieses Miteinbeziehen der Gerüche in den Unterricht nicht übertrieben werden darf und taktvoll geschehen muß.

Bei vielen Menschen nimmt der Geruchssinn im Laufe der Jahre immer mehr ab. Starke Raucher besitzen meist einen schlechten Sinn für Gerüche. Das hängt wohl damit zusammen, daß sie viel zu einseitig immer dem Tabaksqualm ausgesetzt sind, der die anderen Gerüche weitgehend abschwächt. Es gehört aber auch zu den Alterserscheinungen, daß die Fähigkeit des Geruchs meist abnimmt [9]). Über den Einfluß des Geruchssinnes auf den ganzen Menschen kann nur sehr schwer mehr gesagt werden, als daß man den Eindruck gewinnt, er wirke organisch verfestigend durch einen starken und mehr

---

[9] Siehe N. Glas, „Lichtvolles Alter", Stuttgart 1956.

auflösend durch einen schwächeren Nervenstrom, der erregt wird. Verliert jemand z. B. für den Moment seine Fassung, erbleicht und nähert sich einer Ohnmacht, dann kann er am schnellsten durch Einatmen des kräftigen Geruches von Rosmarin, Lavendel oder gar Salmiak wieder zurückgerufen werden [10]; d. h. aber gar nichts anderes, als daß ein bestimmter Geruch festigend auf den Organismus wirkt. Im Gegensatze zu solchen scharfen Geruchreizen gibt es andere, zarte, die sogar einschläfernd, ja berauschend wirken können und von dem formgebenden Einfluß auf den Leib wieder abweichen. In bezug auf die Einwirkung der Gerüche auf den Menschen sollte eine wohltätige Harmonie zwischen den stärker formenden Einflüssen und den feiner auflösenden Einflüssen herrschen. Man erkennt daraus, wie aus der Wahrnehmungswelt der Sinne in das Bereich der lebendigen Bildekräfte gewirkt wird. Die umgekehrte Frage ist aber ebenso bedeutungsvoll: welche Tätigkeit oder welche Eigenschaft der Seele vermag ähnlich auf die Kräfte des Lebens von innen her zu wirken, wie es die Tätigkeit und Eigenschaft des Geruchssinnes von außen her bewirkt. Um dem nahezukommen, muß daran erinnert werden, wie im Riechen jene Sinnesbetätigung stattfindet, bei der ein Mensch mit seinem eigenen Wesen ganz zurücksteht, um einem fremden, dem er sich öffnet, Platz zu machen. Dieser Vorgang kann ja direkt dem Riechen selbst abgelesen werden, wenn man darauf acht gibt, wie jemand bewußt einen Geruch aufnimmt. Zuerst atmet er möglichst intensiv alles aus, was noch von ihm in der Atem-Luft vorhanden ist. Er legt sozusagen von sich selbst soviel als nur möglich ab und atmet erst dann z. B. den frischen Waldesduft durch seine Nase voll ein. Dasselbe tun wir von der Seite unserer Seele bei allem, das unser Mitleid und Mitgefühl erregt. Allerdings muß man sich darüber klar sein, was wahres Mitleid ist. Aus dem Worte selbst, Mit-Leid, kann viel erkannt werden. Leid, wenn wir leiden, ist etwas, dem wir selbst ausgesetzt sind; wir dulden es, weil es über uns kommt wie eine Gewalt. Das Leid über den Verlust eines Freundes

[10]) Sogar bei Goethe, Faust I, gibt es eine Stelle, die daran erinnert. „Gretchen: Nachbarin! Euer Fläschchen! (Sie fällt in Ohnmacht.)"

läßt uns in einer unbarmherzigen Weise fühlen, wieviel wir nun vermissen. Der Schmerz bedrückt uns, wir sind die passiv Leidenden, ganz mit uns selbst beschäftigt und in uns abgeschlossen. Aber im Mitleid geschieht eine Wandlung. Wir leiden zwar auch, aber wir werden aktiv. Wir tun es selbst, wir löschen unser Selbst aus. Das Interesse ist nicht auf uns, sondern auf den anderen Menschen gerichtet. Ein Kranker leidet und ich komme zu ihm. Ich selbst bin frei von der Krankheit, aber durch mein Mitleid tauche ich gleichsam ganz ein in die Seele des Leidenden. Ich fühle mich für einen Augenblick identisch mit dem Kranken, aber im nächsten Augenblick stehe ich mit meiner Persönlichkeit über dem Schmerz und das löst in mir einen Tätigkeitsdrang aus: ich will helfen. Dies ist möglich, weil ich nicht nur „leide", sondern ganz bewußt und tätig „mit-leide". Dadurch entsteht die große und wahre Liebe im Menschen. Wenn Buddha in der Welt das Leid der Krankheit an einem anderen entdeckt, leidet er mit ihm, aber so, daß eine Wandlung in seiner Seele eintritt; es treibt ihn dazu, etwas zu tun, wodurch die Krankheit geheilt werden darf. Und so ist es auch mit Franziscus, wenn er Mitleid mit den Leidenden fühlt und sie gesund pflegen läßt. Im Gegensatz zu dem Mitleid steht natürlich der Zustand, in dem ich nur an mich denke, nur ja nicht etwas von außen an mich herankommen lassen möchte: es ist die Furcht. Das griechische Drama, das den Menschen erziehen und reinigen sollte, brachte die Catharsis, die Läuterung, durch die Erschütterung zustande, die in der Tragödie erlebt werden sollte: Furcht, in der wir alles abweisen wollen, das von außen uns bedrängt, und Mit-Leid, in dem wir ganz eingehen auf eine andere Person; Mit-Leid durch das wir Tränen vergießen im Erleben des Unglücks des Ödipus, über dessen urgewaltiges Leid wir uns selber vergessen.

Es gibt auch eine gewisse Form der Tierliebe, die mit dem Mitleid verwandt ist; man fühlt zuweilen die Schwäche und Hilflosigkeit mancher Tiere tief im Herzen und will ihnen liebevoll helfen. Nicht umsonst hat auch Franziscus die innige Beziehung zu den Tieren, die in den vielen Legenden und Bildern so wundervoll zum Ausdruck kommt.

Für eine Erziehung, die den Menschen zur Gesundheit, zur Erhaltung seiner Bildekräfte führen soll, wird die Pflege und Erweckung des wahren und unsentimentalen Mitleides von größter Bedeutung sein. Man hilft eben von der Seite der Seele im gleichen Sinne, wie von der Körperseite durch die richtige Ausbildung des Riechens. Verständnis für die Tiere in einer gemüthaften Art, wirkt besonders ein. Es soll gelingen, in dem Kinde Liebe und Mitleid dafür zu wecken, daß z. B. ein Tier nur vier Beine, aber keine Arme wie der Mensch hat und daß ihm dadurch etwas Wichtiges fehlt; das Tier erscheint dadurch in einer Weise verzaubert und kann sich nicht bewegen wie wir. Oder man weist darauf hin, daß die Tiere sich nicht in Worten ausdrücken können wie der Mensch und dadurch zu leiden haben. All diese Dinge Kindern zu zeigen, regt ihr Gemüt in mitfühlender Art an.

Man sollte genauer nachuntersuchen, ob nicht jene Menschen, deren Geruchssinn besonders gut ausgebildet ist, eine besondere Liebe für ihre Umwelt besitzen, die sich vor allem in einem wirklichen Mitleid offenbart. Es gibt Schriftsteller, die in ihren Werken zeigen, daß sie sozusagen sehr stark „geruchsbegabt" sind. Zu ihnen gehört jedenfalls Zola, der ja heute nicht mehr so viel gelesen wird, wie dies im letzten Drittel des vergangenen und zu Beginn unseres Jahrhunderts der Fall gewesen ist. Aber zweifellos findet sich kaum unter den Schriftstellern einer, der mit ihm in der Beschreibung der Geruchsatmosphäre in Häusern, Märkten und ganzen Städten verglichen werden kann. Wie immer man auch zu den Problemen in seinen Romanen stehen mag, können wir uns doch nicht dem Eindrucke entziehen, daß die Schilderung all der sozialen Schäden und der Verkommenheit der Menschen, die in uns grenzenloses Mitleid hervorrufen, nur möglich ist, weil der Schriftsteller selbst von solchem Mitleid erfüllt war. Wer an Zola denkt, vergißt heute schon oft den Darsteller sozialen Elends, erinnert sich aber sofort an den kühnen Verteidiger des Hauptmanns Dreyfuß. Niemand kann bezweifeln, daß der Kampf, den Zola gegen ein ganzes Land aufgenommen hat, auch dem tiefen Mitgefühl für einen unschuldig Leidenden entsprungen ist. Dieses wahre Mitleid mit dem

Verfolgten muß auch Zola die innere Kraft gegeben haben, um einer ganzen Welt von Anklägern entgegen zu treten und zu siegen.

Solche Beispiele aus dem Kulturleben sind nicht als Beweise angeführt, sondern mögen zur Illustration und zur Anregung eigener Nachforschungen dienen.

Eine weitere Frage ist die, ob vielleicht gerade Menschen ohne guten Geruchssinn weniger Mitleid zeigen als jene mit dem wohlentwickelten Sinnesorgan. Zwei historische Beispiele seien erwähnt. In manchen Physiologien [11]) wird bei der Besprechung des Geruchsorganes ausdrücklich angegeben, daß zwei hervorragende Persönlichkeiten der Geschichte keine Geruchsempfindung gehabt haben: Savonarola und Lorenzo di Medici. Nun kann man eine große Bewunderung für die Gestalt des Savonarola und seine Geistigkeit haben und den unbändigen Mut verehren, mit dem er in den Kampf gegen die dunklen Kräfte seines Zeitalters getreten ist. Aber einer Eigenschaft der Seele begegnet man kaum bei ihm, dem Mitleid. Das Eigentümliche ist, daß an den Abbildern Savonarolas die Nase das hervorstehendste Organ des Antlitzes zu sein scheint. Dies gibt einem zu denken, wenn man immer mehr die Überzeugung gewinnt, daß sich der Geist und die Seele eines Menschen in seinen Gesichtszügen ihren physischen Abdruck schaffen. Bei Savonarola muß eine besondere Entwickelung vorgelegen haben. An der inneren Nase werden zwei Regionen unterschieden. Die eine, die zur Atmung gehört und viel mehr Raum einnimmt als die andere, die zum Riechorgan gehört. Der Mut des Menschen, wie noch in einem späteren Kapitel ausgeführt wird, hat außerordentlich viel mit der Atmung zu tun und zeigt sich physiognomisch sehr oft in bestimmten Nasenformen. Die Savonarola-Nase gehört zweifellos zu dieser Art. Es würde also zum Charakter dieses großen Mönches gehören, daß er zwar den Atmungsanteil der Nase, der zu dem Mut in Beziehung steht, sehr wohl — ja vielleicht sogar überentwickelt hatte, aber den aktiv riechenden Teil nur verkümmert, nämlich denjenigen, der eine Ver-

---

11) Siehe das bekannte Lehrbuch der Physiologie von Landois-Rosemann. 2. Bd.

wandtschaft zum Mitleide hat. Vielleicht ist dies überhaupt eines der Geheimnisse der „Renaissance-Nasen“ in den Gesichtern so vieler Draufgänger und Kämpfer jener Epoche.

Lorenzo di Medici, der Zeitgenosse und Feind Savonarolas, ist die zweite Persönlichkeit, von der ebenfalls behauptet wird, sie habe kein Geruchsempfinden besessen. Wer auch nur oberflächlich das Leben Lorenzos betrachtet, wird wohl überzeugt sein, daß hier eine Herrschernatur zu sehen ist, in der jedenfalls das Mitleid kaum jemals eine Rolle gespielt hat, trotz ihrer vielseitigen anderen Eigenschaften, mit denen sie begabt war.

In der Erziehung wird es ebenfalls — je nach dem Alter — wichtig sein, eine Art innerer Catharsis bei den Kindern vorzubereiten, wie dies in der Griechenzeit durch die Tragödie für die Erwachsenen gepflegt worden ist. In kleineren Kindern vom 6. Jahr an, aber noch bis gegen das 9. Jahr, kann z. B. ein solches Märchen wie „Die Sterntaler“ einen wunderbaren Samen für das Reifen der Eigenschaft des Mitleides bilden, der sich in das kindliche Herz senkt. Einige Jahre später, etwa zwischen 12 und 14 Jahren, werden manche Tiergeschichten von Kyber in ähnlicher Richtung wirken. Man nehme z. B. die kurze Geschichte von der Katze, die die neugeborenen Mäuse verschont [12]).

Auch verschiedene Geschichten von Peter Rosegger, die ausgesucht werden müßten, scheinen mir für die Übergangszeit der Pubertät in bezug auf das Erlebnis des Mitleides geeignet zu sein. Nach dieser Zeit wird eine richtige Auswahl unter den Dramen zu treffen sein. Es ist dann wohl schon jenes Lebensalter erreicht, in dem etwas von dem Erlebnis der griechischen „Läuterung“ durch dramatische und andere Werke bewirkt wird [13]).

---

[12]) In „Mutter“ (Manfred Kyber, „Gesammelte Tiergeschichten, Unter Tieren und Neue Tiergeschichten“. Hesse-Becker Verlag Leipzig).

[13]) Griechische Dramen, „Egmont“ (Goethe), „Herodes und Mariamne“ (Hebbel), „Parzifal“ (Wolfram v. Eschenbach), um einige Beispiele zu nennen.

VI.

GESCHMACKSSINN

Der hauptsächlichste Ort für die Geschmacksempfindung findet sich beim Menschen innerhalb der Mundhöhle. Es ist ihre Schleimhaut, die an bestimmten Stellen geschmacksempfindlich wird. Zungenspitze und Zungenränder, hinterer Zungenrükken und Seitenteile des Zungengrundes empfinden Geschmack. Kinder vermögen auch mit der Wangenschleimhaut und dem harten Gaumen den Geschmack zu fühlen. Bei Erwachsenen kommt noch der weiche Gaumen, vor allem sein unterer Rand, ein wenig in Betracht; die Rückseite des Gaumensegels, ein Teil des Kehldeckels und sogar das Innere des Kehlkopfes können bis zu einem gewissen Grade einen Geschmack spüren.

Eine Substanz, die geschmeckt werden soll, muß immer gelöst an die entsprechenden empfindlichen Teile im Munde herangebracht werden. Für den Schmeckvorgang gilt also ein Grundsatz, der in der älteren Chemie üblich war zu betonen: daß nämlich Substanzen nur dann auf einander im chemischen Prozesse wirken, wenn sie in Lösung gebracht werden. Corpora non agunt nisi soluta [1]). Dies ist deshalb bemerkenswert, weil ja der ganze Verdauungsprozeß einem gewaltigen chemischen Vorgang sehr verwandt erscheint: natürlich handelt es sich um Prozesse einer sehr lebendigen Chemie, die weit darüber hinausgeht, was sich außerhalb des Menschen in der Retorte abspielt und untersucht wird. Und das Sinnesorgan, der Geschmackssinn, der eine Art Vorposten auf dem langen Wege der Verdauung bedeutet, kann nur empfinden, wenn in der

---

1) Auch Buddenbrock gibt an, daß wahrscheinlich die Wasserlöslichkeit die Vorbedingung einer Substanz ist, die geschmeckt werden kann. (W. von Buddenbrock, Sinnesphysiologie. Verlag Birkhäuser, Basel 1952.)

Materie der chemische Prozeß durch Auflösung im Flüssigen zumindest begonnen hat.

Im allgemeinen wird angenommen, daß der Mensch wirklich nur an den früher genannten Stellen des Mundes schmekken kann. Dies ist selbstredend richtig, obwohl dabei eines bedacht werden muß: wenn wir auch nur ganz lokalisiert die Süße eines Getränkes verspüren, so reicht doch die Folge davon oft sehr weit in unseren Organismus hinein, so daß wir glauben, der süße Geschmack erfüllt uns bis tief in unseren Leib. Je jünger der Mensch ist, umso intensiver gestaltet sich dieses Erleben, nämlich das Hineinschmecken bis in den ganzen Organismus, wenn dieser Ausdruck gebraucht werden darf. Im Säugling wird dies sehr stark und kann aus der ganzen Bewegungsenergie, mit der sich das kleine Kind die Milch einverleibt, direkt so abgelesen werden, daß man manchmal beim Anblick der reizenden Fuß- und Zehenbewegungen während des Trinkens zum Ergebnis kommt, selbst diese Zehen genießen und schmecken die Milch bis zu einem gewissen Grade. Aus der einfachen Beobachtung wird die Auffassung Rudolf Steiners verständlich, daß das kleine Kind die Nahrung mit seinem ganzen Leibe schmeckt. Die gewöhnlichen Untersuchungen der Physiologie zeigen schon, daß die Mundschleimhaut in einem weiteren Ausmaße beim Kinde als beim Erwachsenen empfindlich für den Geschmack ist.

Überlegt man sich, wieso es überhaupt auf natürliche Weise zum Schmecken kommt, dann zeigt es sich klar, daß wir in einer Zeit, wo wir nichts von außen zu uns nehmen und unter keiner besonderen Krankheit leiden, einen nenneswerten Geschmack kaum fühlen. Nehmen wir z. B. als einen günstigen Zeitpunkt den Moment an, wo wir uns zwischen zwei Mahlzeiten befinden: das will sagen, in dem Augenblicke, da wir nicht mehr viel von den vorher genossenen Speisen in uns verspüren, aber noch kein Verlangen haben, neue Nahrung zu uns zu nehmen. Jetzt ist der Geschmackssinn in Ruhe, nichts verleitet uns zunächst dazu, in diesen Sinn eine Tätigkeit zu bringen. Das ändert sich allerdings sofort, wenn sich das Bedürfnis nach Nahrungs- oder Flüssigkeitsaufnahme regt, also wenn wir hungrig und durstig werden. Versuchen wir uns selbst dabei zu beobachten, was wir empfinden, wenn wir hungrig werden. Zuerst ist ein ziemlich unbestimmtes Gefühl in der sogenannten Magengrube vorhanden. Eine gewisse Leere wird in dieser Gegend gespürt. Entsprechend unseren Gewohnheiten als Erwachsene wollen wir von einem bestimmten Augenblicke an etwas tun, um diese Empfindungen zu beruhigen. Vorstellungen tauchen auf, die zunächst recht dumpf sein können. Allmählich aber formt sich das Verlangen im Menschen, bestimmte Arten von Nahrung zu sich zu nehmen. Wir wünschen z. B. eine Suppe, an deren Geschmack wir einigermaßen gewöhnt sind, zu erhalten; oder wir wollen etwas Süßes, einen gezuckerten Kaffee, eine bestimmte Frucht, ein Gemüse, einen Braten. Es ist, als ob aus den verschiedensten Teilen unseres Organismus mehr oder weniger starke Begierden, wie wilde Tiere, deren Käfig sich öffnet, aufzögen und nach Befriedigung verlangen. Wir wissen natürlich nichts davon in unserem Bewußtsein, ob es jetzt mehr der Magen, der Dünndarm, die Leber, Niere, Lunge ist oder gar das Blut selbst, die in uns Sehnsucht nach Speisen erzeugen. Wir fassen das Zusammenwirken all dieser Organwünsche in den allgemeinen Begriff von Hunger zusammen. Wo spielt nun der Geschmackssinn herein? Am einfachsten läßt sich dies vielleicht an Folgendem beleuchten: Wir fühlen Hunger und gehen in einen Hotelspeisesaal. Wir schauen auf die Speisekarte und beginnen zu wählen. Wenn unsere natürlichen Instinkte noch nicht besonders verdorben sind, strebt unser Vorstellungsleben dahinzugelangen, aus den Speiselisten bestimmte Geschmacksvorstellungen zu gewinnen. Die eine angeführte Speise erregt in uns größeres Verlangen als eine andere. Wir spüren den Geschmack, der uns zusagt, schon fast voraus auf der Zunge. Der Appetit wird angeregt durch die Vorstellung der gebratenen Ente, des sauren Salates, der mit Früchten gefüllten Torten. Und wenn wir verdauungsgesund sind, wählen wir aus, was sich unserer Organe als Anregung ersehnen. Der Idealzustand wäre z. B. der, daß in bestimmten Organen mehr Zucker gebraucht würde und der Mensch deshalb die Anregung des Honigs für seinen Geschmackssinn sucht. Er bestellt sich eine Honigspeise für die Mahlzeit. Den ausgeglichensten Zustand gibt es in der frühen Kindheit. Im Hunger des Säuglings äußert sich das Bedürfnis vieler Organe zusammen. In der Milch der Mutter ist die Substanz vorhanden, die jedem Organ zur richtigen Nahrung werden kann. Der Geschmackssinn ist daher mit der Milch vollkommen befriedigt, wenn er sie im Hunger spürt; da ist gleichsam ein vollkommenes Zusammenklingen von dem, was (vom kindlichen Sinnesorgane) geschmeckt werden möchte mit dem, was die übrigen Organe verlangen. So wird bei jeder Sättigung durch die gute Muttermilch eine wunderbare Harmonie zwischen dem Sinn des Schmeckens und dem Gesamtorganismus geschaffen. Alle Organe, die an der Verdauung beteiligt sind, wünschen durch die Speisen in der Weise angeregt zu werden, daß sie tätig sein dürfen, die aufbauenden Lebenskräfte für den ganzen Menschen hereinzuholen. Der Magen, der Darm und alle seine Drüsen wollen sich auf die verzehrten Stoffe stürzen, die bewältigt werden sollen. Wie sich zunächst der Wolf auf ein Schaf oder Huhn im Hunger stürzt, so wirft jedes Organ den aufgenommenen Substanzen der Nahrung seine besondere Kraft entgegen, mit der das Eiweiß, der Zukker oder das Fett angesprungen und überwältigt werden kann. Unter diesem Gesichtspunkte wird man wahrscheinlich leichter einsehen, daß die übliche Auffassung, der Mensch baue sich den Leib aus der Nahrung auf, einer sehr bedeutsamen Korrektur bedarf. Es muß nämlich der Mensch die Stoffe, die sein Verdauungstrakt aufnimmt, erst völlig vernichten. Dies erfordert die vollste Tätigkeit der einzelnen Organe und erst diese Arbeit gibt den Lebenskräften die Möglichkeit, die Materie dem Menschen gemäß umzuschaffen und umzuformen. Diese wichtige Tatsache hat Rudolf Steiner immer wieder betont, daß die Nahrung im Grunde nur dazu dient, die Organe so anzuregen, daß sie den Körper ständig aus einem Geistigen heraus erneuern können.

So gesehen nimmt der Geschmackssinn eine sehr hervorragende Stellung für den gesunden oder kranken Aufbau des Organismus ein. Wie wichtig ist es doch für den Säugling, ihm sein Geschmacksorgan nicht zu verderben, weil man sonst das ganze Wachstum des kindlichen Körpers stört. Die zarten

Anregungen einer gesunden Muttermilch sind eben die einzig richtigen Anregungen — auch von der Geschmacksseite her — die ein Kind aus der Nahrung zuerst erfahren sollte. Wie leicht ist es, mit künstlicher Säuglingsnahrung einseitig entwickelte, fette Kinder heranzuziehen. Aber ein feineres Auge wird schon leicht bemerken, wie oft die zu stark gefütterten, künstlich ernährten Kinder, die feinere, zarte Formbildung ihrer Zunge und des ganzen Körpers verlieren. Mästung ist zunächst eine Zerstörung des Geschmackes und gleichzeitig damit eine Vergröberung der Formkraft, die z. B. von den verschiedenen Drüsen ausgeübt wird. Den Darmdrüsen, der Leber wird z. B. Ungeheures zugemutet, wenn die Milch künstlich verändert und ihrer Lebendigkeit beraubt, dem Kinde aufgedrängt wird. Die meisten Kinder „gewöhnen" sich zwar an die verfälschte Nahrung (was bleibt ihnen auch anderes übrig?), aber die Organe bilden ebenso, den unnatürlichen Anregungen entsprechend, z.B. viel zu fettreiche, viel zu kalkreiche, auch viel zu wasserreiche Leiber aus. Die Kinder haben infolgedessen weniger Widerstandskräfte — die werden ihnen durch alle möglichen Immunisierungsversuche, durch Vitamine, und in Krankheitsfällen durch reichliche Medikamente aus der Gruppe der Antibiotika auf künstliche Weise beigebracht. Die Anwendung all dieser zuletzt genannten Dinge ist wahrscheinlich unbedingt nötig, damit die vielen Anfangsfehler, die beim Aufbringen des Kindes gemacht wurden, wenigstens in verschiedenen kritischen Momenten des Lebens nicht unmittelbar zu den verheerendsten Folgen führen. Auf zu viel Einzelheiten braucht hier, soweit es sich um Kleinkinder handelt, nicht eingegangen werden, da über diese Dinge in einem anderen Buche[2]) viel ausführlicher gesprochen worden ist. Uns interessiert jetzt vor allem die Beziehung des Geschmackssinnes zu den aufbauenden Kräften im Menschen.

In der Kindheit ist es nötig, alles zu tun, um den Geschmackssinn nicht zu verderben. Das gelingt dadurch, daß für die erste Zeit, etwa bis zu 6 Monaten, wenn möglich nur die Muttermilch als Nahrung dient. Eine künstliche Ernährung

---

2) „Frühe Kindheit", Stuttgart 1954.

soll weitgehend jener Milch angeglichen werden. Für später muß die Mutter ein feines Gefühl dafür entwickeln, was und wieviel ein kleines Kind will und braucht. Vor kurzem hat eine landwirtschaftliche Autorität gesagt, es sei eine Kunst, das Rindvieh richtig aufzuziehen, und keine Wissenschaft — darf man dies nicht noch mit größerem Recht von dem Aufbringen des Menschen sagen? Und es ist wahr, daß ein ganz feines, künstlerisches Einfühlungsvermögen dazu gehört, um zu entdecken, welche Nahrung wirklich von dem Organismus gewünscht wird.

Für Kinder und Erwachsene gilt in bezug auf das Wirken des Geschmackssinnes folgendes: das triebhafte Verlangen nach einer Nahrungssubstanz, die geschmeckt werden möchte, steigt, wie vorher erwähnt, aus dem Inneren des Leibes auf und hat mit den verschiedensten Organen zu tun. In früher Kindheit ist es verhältnismäßig leicht, dieses hochkommende Bedürfnis zu erkennen. Das Kind fängt bei einem bestimmten Grade von Nahrungsverlangen einfach zu weinen an. Dieses Begehren wird meist erfüllt und die Organe erhalten, wonach sie verlangen. Nun soll natürlich der Erwachsene sich selbst und seine Regungen so weit erkennen, daß ihm die Berechtigung der organisch aufsteigenden Wünsche bewußt wird. Nach zwei Richtungen kann man fehlerhaft in jenen Nahrungsgelüsten abweichen, die wie instinktiv auftauchen. Die eine Richtung liegt darin, daß der Mensch diesen Regungen übergroßen Wert beimißt, ohne herausfinden zu können, welche wirklich berechtigt sind. In den Kindern wird ja leider der gesunde Nahrungsinstinkt oft schon sehr frühzeitig verdorben; entweder geschieht dies durch Verabfolgung von zu viel oder zu wenig Nahrung, durch zu frühzeitige Gaben mancher Stoffe wie Eier und Fleisch in den ersten Lebensjahren. Die Störung erfolgt auch durch Verabfolgung von zuviel künstlicher, chemisch verarbeiteter Konservennahrung, oder durch Vernachlässigung des Rhythmus der Mahlzeiten; das will sagen, daß keine Regelmäßigkeit in der Essenzeit eingehalten wird. Dies ist für die Kindheit außergewöhnlich wichtig. — Die andere Abweichungsrichtung besteht dann darin, daß der Mensch zu wenig darauf achtet, was in ihm organisch gefordert wird.

Im ersteren Falle — dem Zu-Wichtig-Nehmen des Verlangens in jedem Momente — kommt es leicht zu einem Übermaß im Essen und Trinken, das wieder das Geschmacksempfinden vergröbert und die Verdauungsorgane verdirbt. Mancher, der etwa auf die Regungen seiner Leber zu viel hinhorcht, will trinken, mehr trinken, als ihm gut tut, z. B. Alkohol, der ihm schließlich seine Leibesorganisation zerstört.

Im letzteren Falle — bei der Vernachlässigung des organischen Wunsches — kommt es nur allzuleicht zu dem Zustande, daß die Organe wie der Magen, der Zwölffingerdarm oder die Verdauungsdrüsen krank werden. Viele psychologische Umstände können dazu führen, daß jemand seine Mahlzeiten nicht in Ruhe einnimmt. Er hastet, ist versorgt, aufgeregt, und schlingt die Nahrung ohne Behagen hinunter — und vor allem ohne wirklich zu schmecken. — Diese Art des Essens hat auf den Erwachsenen einen sehr schädigenden Einfluß. Die große Zunahme der Magen- und Zwölffingerdarmgeschwüre in den sogenannten Kulturländern hat sehr viel mit diesen Tatsachen zu tun: dem Hasten, Sich-Sorgen, Nicht-Hinhören auf das, was man an Nahrung braucht, und der Zerstörung des Lebensrhythmus.

Treten solche Leiden auf oder beginnen sich langsam geltend zu machen, immer hat dies seine unmittelbare Rückwirkung auf den Geschmackssinn des Menschen. Der gestörte Organismus macht sich in eigentümlicher Weise bemerkbar; so wird beispielsweise die Magensäure, deren Geschmack uns im gesunden Zustande verborgen bleibt, bis in den Mund und zur Zunge empfunden. Ebenso steigt die Bitterkeit der Galle, von der sonst nichts gespürt wird, so hoch, daß man sie schmecken kann. Diese Vordringlichkeit von Organprozessen, die sonst unter der Schwelle des Bewußtseins bleiben müßten, führt bei den Kranken zu einer gewissen Ablähmung der sonstigen Geschmacksempfindung. Sie beklagen sich, daß für sie alles denselben langweiligen, sauren, bittern oder süßlichen Geschmack hat.

Um wirklich zu verstehen, wieso all diese Zustände, aber auch jene auftreten, durch welche die Leber dem Menschen zuflüstert, er müsse jetzt Wein oder Bier oder Schnaps trinken

— dazu hat man den unmittelbaren Zusammenhang zu berücksichtigen, der zwischen den Organen der Verdauung und dem Gehirn besteht, durch das die Vorstellungen reflektiert werden. Aus dem Traumleben z. B. ist es bekannt, wie etwa eine Überfüllung des Verdauungstraktes bestimmte Traumbilder hervorruft und beeinflußt.

Ein alter englischer Schriftsteller [3]) erwähnt schon im Jahre 1545 furchtbare Träume und Ängste, die von den übelriechenden Dämpfen im Magen aufsteigen und zu Phantasien werden für die Sinne des Gehirns. Und jeder weiß schließlich auch aus eigener Erfahrung sehr gut, daß das Hungergefühl auf die Phantasie und das Vorstellungsleben einen starken Einfluß ausübt. Damit zeigt sich ohne weiteres, wie das Vorstellen und teilweise das Erinnern von Verdauungsprozessen abhängen kann. Das Auftreten bestimmter Vorstellungen, z. B. bei der Sehnsucht nach einer bestimmten Speise, sobald sich Hunger einstellt, geschieht reflexartig, hat also wenig mit unserem bewußten Willen zu tun. Ein Kind, dessen Organismus vielleicht nach Zucker verlangt, wird natürlich hemmungslos die Zuckerdose suchen oder aus der Speisekammer Süßigkeiten holen.

Man darf nur ja nicht vergessen, daß unter Umständen aus den Organen ein durchaus falscher Alarm dringen kann. Damit erklärt auch Rudolf Steiner die eigentümlichen Geschmackswünsche, die so häufig bei schwangeren Frauen auftreten [4]). In diesen Frauen gehen, infolge der Schwangerschaft, sehr veränderte Prozesse im Stoffwechselorganismus vor sich. Dadurch werden ganz abnorme Appetite in die Vorstellungen hineinphantasiert: die Erfüllung der ungewöhnlichen Wünsche führt aber meist zu keiner Befriedigung. Wenn also in der Frau ein Verlangen nach einem Kuchen zusammen mit einer Essiggurke aufsteigt, kommt dies gewöhnlich aus einer falsch geleiteten Phantasie — nicht aus einem richtigen Nahrungsinstinkte.

---

3) Thomas Phaire: the Boke of Chyldren 1955. E. & S. Livingstone Ltd. London, neu herausgegeben.

4) Siehe: Rudolf Steiner: „Fieber — Kollaps — Schwangerschaft —", Vortrag gehalten vor den Arbeitern am Goetheanum am 30. 12. 22 in Dornach. Zeitschrift „Die Menschenschule" Heft 11, November 1954.

Das Seelische spielt beim Schmecken eine ziemliche Rolle. Die Sprache hat dafür ein besonders gutes Gefühl. Drängt sich z. B. das saure Magengefühl etwas zu stark vor, so prägt es dem Menschen sehr leicht einen bestimmten Charakterzug auf; er wird irgendwie zurückhaltend und ablehnend — kurz er reagiert auf alles „sauer". Und ein anderer, der sich von der Welt schlecht behandelt fühlt — und dem der Geschmack der Galle bei jeder Gelegenheit auf die Zunge kommt — wird in seiner Lebenshaltung „bitter" oder ist „verbittert". Dagegen jemand, der nicht nur keinen üblen Geschmack auf seiner Zunge fühlt, sondern ganz im Gegensatz zum Magen- oder Leberkranken, ein Gefühl im Sprechen erweckt als ob er Honig schlürfte — der ist zu den anderen Menschen „zuckersüß".

Die Unterschiedlichkeit des Geschmackes bei verschiedenen Völkern ist allgemein bekannt und hängt sehr stark mit der physiologischen Differenzierung zusammen, die sich an ihnen zeigt. Verschiedenheit in den Volkstemperamenten scheint ein Ergebnis davon zu sein.

Aber auch im Verlaufe des Lebens kann sich der Geschmack langsam verändern, im selben Maße, als sich die Organe allmählich in ihrer Vordringlichkeit verwandeln. Man weiß z. B. sehr gut, daß der Bedarf für Süßigkeiten von der Kindheit gegen das Alter sehr stark abzunehmen pflegt. Aber auch die Feinheit des Empfindungsvermögens wird geringer im Alter. Der Greis zieht meist eine mehr gleichartige und einseitige Diät vor.

Wir kommen nun zu der Frage nach der Seelenhaltung, die gepflegt werden darf, um an all dem mitzuwirken, was mit dem richtigen Schmecken zu tun hat. Da hat man eine Form der Seeleneigenschaft zu beschreiben, die nur begriffen wird, wenn nochmals an das erinnert werden darf, was über das gesunde und harmonische Schmecken gesagt wurde: das gesamte Orchester der Verdauungsorgane muß richtig zusammenspielen, wenn der Hunger auch die heilsamen Appetite hervorrufen soll. Das tritt ein, sobald die Organe sich wirklich gegenseitig respektieren lernen und nach einem einheitlichen Zusammenklang streben. Der Dirigent in dieser zur Harmonie strebenden Vielfalt soll der gut entwickelte, unverdorbene Geschmackssinn sein. Und was er seinen Orchestermitgliedern gegenüber zeigen müßte, wenn man bei diesem Bilde stehen bleibt, ist das rechte Maß von Höflichkeit.

Es war bei der Darstellung der Sinne immer die Absicht, zu zeigen, wie an das Reich des innerlich Lebendigen von der Sinnesseite der eine Zugang, und von der Seelenseite der andere Zugang gewonnen werden kann. Die Inanspruchnahme der Seelenkräfte wird besonders wichtig, wenn die physischen Sinne zu erlahmen beginnen, wie in manchen Krankheiten und bei zunehmendem Alter. Die Erstarkung der seelischen Eigenschaften sollte natürlich Hand in Hand gehen mit einer geistgemäßen Erziehung — kann aber natürlich von jedem Menschen zu jeder Zeit, nachdem er erwachsen ist, selbständig unternommen werden.

Mit der Pflege der Höflichkeit dringt man von seinem Gemüte aus in die Welt der aufbauenden Bildekräfte, denen sich der Geschmackssinn von der körperlichen Seite nähert. Oft unterschätzt man die Wirkung der Höflichkeit, besonders leicht unter den deutschsprechenden Menschen. Der Ausspruch, der einem so oft entgegengehalten wird, „im Deutschen lügt man, wenn man höflich ist", gehört wohl einer ziemlich lang vergangenen Zeit an. Damals gestaltete sich wohl die Anregung des Geschmackssinnes unvergleichlich gröber und auch einfacher als dies heute der Fall ist. In Frankreich dagegen, wo die Höflichkeit, auch schon in der ganzen Ausdrucksweise der Sprache, zu Hause ist — oder zumindest in Europa immer ihre kultivierte Stätte gehabt hat — wird in einer sehr feinen Weise der Geschmack in vielen Abstufungen einer ausgewählten Kochkunst angeregt. Es können ebenso noch andere Volksgemeinschaften angeführt werden, in denen die verfeinerte Kochkunst sich mit einem höheren Ausmaße von Höflichkeit paart. So gilt der deutschsprechende Österreicher für viel höflicher als die anderen Deutschen und gleichzeitig sind wenige Nationen anspruchsvoller in der Zubereitung der Nahrung als Österreicher. Dies ist bekannt; weniger denkt man vielleicht daran, daß der Ungar in seiner Sprache ausgewählte Formen der Höflichkeit aufweist. Auch hier fällt dies zusammen mit einer ausgewählten und schmackhaften Küchenkunst. Je weniger jemand von Kindheit auf zur Höflichkeit erzogen worden ist, um so mehr entfernt er sich im späteren Leben von ihr; ja er wird vielleicht sogar dazu neigen, sie wie eine Art Lüge zu verachten. Wer aber einmal mit Bewußtsein versucht, Höflichkeit zu pflegen, wird den Segen verspüren, der von einer solchen seelischen Haltung ausgehen kann, wenn man dieselbe verinnerlicht. Ein Lehrer, der seine Schüler, in welchem Alter auch immer, mit warmer Höflichkeit behandelt, wird es viel leichter haben, sie zur Ordnung und selbstverständlichen Disziplin zu bringen, als der zynische und grobe Pädagoge. Ich könnte an einen Lehrer erinnern, der die geradezu uneingeschränkte Liebe und Achtung seiner Schüler hatte und von dem die Sage ging, daß er seinen Kindern, die er unterrichtete, niemals auch nur die geringste Unhöflichkeit gesagt hat.

Durch die Höflichkeit unter Menschen wird — wie man leicht beobachten kann — eine gewisse freundliche, friedliche und Schutz gewährende Atmosphäre geschaffen. Höflich sein ist dabei eine Angelegenheit — und dies soll dabei nicht vergessen werden —, die zu den Alltäglichkeiten des Lebens gehören soll, um für uns hilfreich zu sein. Jeder Motorist weiß, wie er sich angeheimelt fühlt, wenn ihn ein anderer Fahrer freizügig vorfahren läßt und dabei noch grüßt. Jeder kann sich ja selbst die vielen kleinen Höflichkeiten ausdenken, die er seinen Mitmenschen erweisen will. Wer dies mit Überzeugung und Bewußtsein tut, wird in sich selbst bald etwas spüren wie einen Segen, der von seiner Haltung ausgeht. Es ist ein erster Anfang von einer gewissen Achtung und Menschenliebe, die durch gepflegte Höflichkeit in einem aufblühen kann.

Gewisse Leute neigen mehr zur Höflichkeit als andere. In unserem Zusammenhange scheint es sehr hereinzupassen, daß gewisse Choleriker, die den Gallengeschmack beinahe auf der Zunge spüren, von vornherein wenig zur Höflichkeit neigen, ebensowenig wie Magenkranke mit Geschwüren, bei denen die Säure im Munde spürbar wird.

VII.

SEHSINN

Unter allen Sinnen spielt der Sehsinn, neben dem Gehörsinn, eine überragende Rolle. Auch sprachlich drückt sich dies darin aus, daß man vom Gesichtssinn spricht. Das Hervorragendste eines Antlitzes sind vielleicht auch die Augen, so daß man den Teil unseres Kopfes, in dem die Augen sitzen, das Gesicht genannt hat. Heute vergißt man meist, daß Gesicht sich der Wortbildung nach zunächst auf die beiden Organe des „Gesichtssinnes" bezieht, aber wir meinen natürlich im allgemeinen nicht die Augen allein, wenn wir vom Gesichte reden.

Schon die gewöhnliche Betrachtung des Organes offenbart uns, daß es sich hier um Bildungen handelt, die ihrer ganzen Erscheinung nach in der physischen Welt von einzigartiger Beschaffenheit sind.

Die Form der Augen an sich ist besonders bemerkenswert. Sie haben kugelförmige Gestalt wie die Weltenkörper. Aber ebenso wie die Erde in ihrer Form sich einer Kugel nur nähert, jedoch von ihr abweicht, gilt ähnliches für die Augen. In Wirklichkeit kommt die Erde dem Ellipsoid am nächsten, da ihr äquatorialer Durchmesser größer ist als ihr polarer[1]). Auch die Augengestalt gleicht am ehesten dem Ellipsoid, bei dem ebenfalls der horizontale Durchmesser größer ist als der polare vertikale. Die dritte Hauptachse, die von vorne nach hinten geht, ist verschieden und am kürzesten im Auge. (Dies hat aber wohl vor allem mit der Tatsache zu tun, daß der rückwärtige Anteil in seiner Gestalt von der Berührung mit der knöchernen Höhle des Auges im Schädel beeinflußt wird.) Weiterhin ist das Auge so aufgebaut, daß wir nicht nur den

---

1) Der Äquatordurchmesser beträgt bei der Erde 12 756,5 km. Der Polardurchmesser ist aber 12 713,0 km.

Augapfel kugelartig empfinden, sondern daß die Stelle, wo das Sinnesorgan sich ganz nach außen öffnet, eben an der Pupille, durch einen vollkommenen Kreis begrenzt wird, also in einer, geometrisch gesprochen, vollendeten Linie. Auch hier gleicht sich das Menschenauge einer Form an, die wir an den Weltenkörpern feststellen. Die Sonne erscheint uns am Himmel kreisförmig, der Vollmond ebenfalls und schließlich auch die Gestirne, wenn wir sie in teleskopischer Vergrößerung ansehen können [2]). Wir erhalten im Anblick eines Auges den Eindruck einer dreifachen Rundung: das Weiße des Auges, die Iris, die Pupille. Der Genauigkeit halber muß betont werden, daß wir die erste, weiße Rundung nur ahnen, die zweite, der Farbenkreis der Iris, ist meist durch das obere oder untere Lid etwas verdeckt; aber frei bleibt die Pupille, solange das Auge geöffnet ist. In der äußeren Erscheinung des Auges offenbart sich schon so viel vom eigentlichen Wesen, wie es meist nur an Gebilden geschieht, die im physischen Dasein einen sehr vollendeten Spiegel eines Geistigen zeigen. Der vielzitierte Ausspruch Goethes, daß das Auge „sein Dasein dem Lichte zu danken“ habe, ist auch für das Erscheinungsbild des Auges selbst von überraschender Wahrheit. Denn unser Sehorgan — von außen betrachtet — kann schon an sich wie ein Symbol des Lichtes angesehen werden. Denn es offenbart sich in dem scheinenden Glanze der weißen Sklera sein voller Zusammenhang mit dem reinen Lichte. Sagt doch Goethe „Das Weiße hat die größte Empfindlichkeit gegen das Licht [3]) . . .“ Als Gegensatz zu diesem weißen Teil des Auges ist die dunkle Pupille aufzufassen, die an dem gesunden Organe schwarz erscheint. Das Schwarz zeigt z. B.

---

[2]) Die Kugelgestalt empfinden wir immer als etwas Vollkommenes. Es ist sehr erstaunlich, wie sich dies in der organischen Welt auslebt. So betrachten wir z. B. jedenfalls die Erscheinung des Lichtes als etwas Vollkommeneres als die Dunkelheit. Und so kann die bemerkenswerte Tatsache beobachtet werden, daß jene Tiere, die im Dunkel und Halb-Dunkel zu sehen haben, ihre Augen auch viel lichtempfindlicher gestalten müssen. Diese Tiere haben nun zum Unterschied vom Menschen ihre Linse fast ganz kugelförmig. (Hierher gehören nächtlich lebende Reptilien, der Steinkauz, Hamster, Maus und zahlreiche andere.)

[3]) Goethe, Elemente der Farbenlehre, Par. 7.

auf „einer schwarzen Fläche eine gänzliche Unempfindlichkeit gegen das Licht [4])“. So haben wir also schon äußerlich am Auge etwas, das wir als Repräsentanten des Lichtes, die Sklera, an der Peripherie vorfinden und im Zentrum etwas, das Repräsentant der Dunkelheit bedeutet, die Pupille. Im Sinne der Farbenlehre Goethes entsteht aber alle Farbe durch den Gegensatz von Licht und Dunkel, denn „die Farben sind Taten des Lichts, Taten und Leiden“. So findet sich also zwischen dem Hell der Sklera und dem Dunkel der Pupille die farbige Iris des Auges. Es enthüllt sich bei der äußeren Betrachtung des Auges schon etwas von seiner innersten Wesenheit. Wir empfinden dies — meist unbewußt — im Anblick eines Auges; denn durch nichts werden wir mehr befriedigt im Erforschen eines anderen Menschen, als durch den Blick des Auges, den wir erhaschen können. Das Erkennen eines Vollkommenen schafft immer Genugtuung — und das Auge offenbart in seiner Gestalt einen hohen Grad der Vollendung.

Das Sehorgan zeigt in seiner äußeren Erscheinung die drei wesentlichen Elemente der Farbenwelt, Licht, Dunkelheit und die Farben selbst. Es erscheint an dem Auge, wenn man es bloß von außen anblickt, noch ein anderes Produkt des Lichtes, nämlich der Glanz, denn nur wenn Licht von einer glatten Fläche intensiv zurückgeworfen wird, entsteht Glanz. Die intimere physiognomische Betrachtung lehrt, daß im Auge auch drei verschiedene Arten von Glanz auftreten. Der Glanz über der von der Bindehaut überzogenen weißen Sklera, der Glanz über der etwas tiefer als die Sklera liegenden farbigen Iris, oder Regenbogenhaut, und schließlich der Glanz, der über der schwarzen Pupille ist, die in die Augentiefe führt. In dem während des Wachens stets bewegten Lichtesspiele des Augenglanzes schillert einem das ganze Menschenwesen entgegen. Aus der Pupillentiefe strahlt die geistige Persönlichkeit, aus dem Farbenspiel der Iris die Seele, und in dem sich verstärkenden und abschwächenden Scheine über der weißen Sklera verrät sich die Kraft des Lebendigen, die in jedem Wesen

[4]) Goethe. Elemente der Farbenlehre. Par. 11.

wechselnd flutet; diese Kraft ist in der Jugend anders als im Alter, in der Ruhe anders als in der Arbeit, und am Morgen anders als am Abend [5]). Nirgends findet sich an der Oberfläche des Menschen eine Stelle, die auch nur annähernd einen solchen Glanz, der eben ein Phänomen des Lichtes ist, zeigen würde wie das Auge.

Weiß, schwarz, farbig, glänzend, sind lauter Eigenschaften des Organs, die sich an ihm selbst finden. Die Form und das Aussehen verraten schon das Wesentliche des Auges, daß es nämlich aus den Kräften des Lichtes selbst gebildet wurde, wie dies Goethe in seinem berühmten Ausspruch gleich in der Einleitung zum „Entwurf einer Farbenlehre" gesagt hat. („Das Auge hat sein Dasein dem Lichte zu verdanken.")

Das ganz Besondere des Auges liegt aber nicht nur in der Tatsache allein, daß es dem innersten Wesen seiner Natur nach wirklich so ist, wie es physiognomisch erscheint. Es ist auch ein Sinnesorgan, an dem in besonders intensiver Weise erlebt werden kann, daß auf das Empfangen der äußeren Wahrnehmung sofort innen eine aktive Antwort erfolgt. Diese Tatsache ist deshalb wert betont zu werden, weil sie es gerade ist, durch die der Ansicht entgegengetreten werden kann, daß unsere Augen nur wie eine höhere Apparatur nach der Art der photographischen Kammer funktionieren sollen. Das Gemeinsame der verschiedenen Aktivitäten, die fast bei jedem Sehakt auftreten, ist einerseits die Unbewußtheit des Vorganges und andererseits das sofortige Bestreben, einen Ausgleich zu schaffen zwischen dem, was von der äußeren Welt an den Körper herandringt, und dem, wie der Organismus darauf reagiert.

Jeder dieser verschiedenen Prozesse verdient separat beschrieben zu werden, wenn dies hier auch nicht mit voller physiologischer Ausführlichkeit zu geschehen braucht.

Als erstes sei die Akkomodation erwähnt. Also jener Vorgang, durch den sich die Augenlinse entweder abflacht, wenn in der Ferne, oder rundet, wenn in der Nähe deutlich gesehen werden soll. Diese Tätigkeit, die bei der Linse in Betracht

---

5) Vgl. N. Glas. „Die Formensprache des Gesichtes". 1935.

kommt, ist eine wunderbare Anpassung des Sinnesorgans an unsere Umwelt. Die Linsenbeweglichkeit schafft in ihrer scheinbar so einfachen Bewegung von Rundung und Abflachung für unser Sehen einen wichtigen Ausgleich. Bis zu einem bestimmten Grade sind wir fähig, sowohl die fernen Dinge wie die nahen in das Bereich unserer Augen heranzuholen, sie in die Reichweite unseres Erkennens zu bringen. Die Arbeit der Augenlinse besteht also in nichts Geringerem, als daß sie während unseres wachen Lebens, wenn wir die Welt besehen, uns die Gegenstände immer in eine uns gemäße Entfernung schiebt. Diese Leistung vollzieht sich, glücklicherweise, fast unbewußt in uns, doch ändert dies natürlich nichts an der ständig nötigen Betätigung der Linse.

Um Mißverständnissen zuvorzukommen, muß betont werden, daß das ruhende, nicht akkomodierende Auge auf die Ferne eingestellt ist. Das gesunde Auge sieht daher alles deutlich, ohne zu akkomodieren, was von der sogenannten Unendlichkeit bis etwa zu 60—70 Metern reicht. Von dieser Entfernung an gilt also erst diese ständig arbeitende Linsenakkomodation, die hier gemeint ist.

Die zweite Erscheinung, die hier angeführt werden muß, ist die ständige, feine Bewegung der Iris; diese Erweiterung und Verengung der Pupille ermöglicht eine außerordentlich zarte Regulierung für das in das Auge hereindringende Licht. Auch in der Tätigkeit der Regenbogenhaut liegt jenes Element, das für die Linse beschrieben wurde; das Bestreben der Harmonisierung. Denn die Wirkung der Vergrößerung und Verkleinerung der Pupille besteht in dem Ausgleich, der zu der für das Auge am geeignetsten Lichtstärke führt. Dies lehrt die einfache Tatsache, daß die Pupille bei hellem Lichte eng, bei schwachem aber weit wird; das heißt also, daß in dem Momente, wo viel Licht von außen hereindringt, dieses möglichst abgehalten wird, aber wenn zu wenig Helligkeit vorhanden ist, möglichst viel Licht hereingelassen wird. Damit wird die Iris — bis zu einem gewissen Ausmaße natürlich — zu dem Wächter für das Licht und seine Stärke, soweit es an das Sehorgan herandringen darf.

Wer seine Freude an einer bestimmten Art der Naturbetrachtung findet, daß sich nämlich in der wahren Erscheinung eines Organes auch sein innerstes Wesen zum Durchbruch bringt, wird in der Iris ein dankbares Objekt dafür antreffen. Sie bringt dem Lichte Schatten entgegen oder versucht, die Dunkelheit im Auge aufzuhellen. Diese Tätigkeit erinnert an sich ganz an die Farbenentstehung im Sinne einer Goetheschen Farbenlehre, wie dies vorher ausgeführt worden ist. Und gerade an diesem Organ selbst, an der Regenbogenhaut, sehen wir die Farbigkeit auftreten, wie sie sonst nicht mehr im Menschen beobachtet wird. Es ist selbstverständlich nicht gemeint, daß die Iris für das Farbensehen verantwortlich ist, sondern nur, daß ihre Bläue und alle ihre Farbennuancen an ihr selbst auftreten, weil sie eben als ein Teil des Auges auch ein besonderes Produkt des Lichtes ist.

Die dritte Erscheinung, die von größter Bedeutung für unsere Betrachtung ist, liegt in der Bildung der Gegenfarben, die vom Auge erzeugt werden. Wenn von außen die rote Farbe an uns herantritt, bilden wir innerlich ein Grün, das meist unbewußt bleibt, nur unter besonderen Umständen unsere Aufmerksamkeit erregt; wenn wir z. B. nach dem Schauen auf ein intensives Rot direkt auf eine weiße Fläche schauen; oder wenn wir in ein gelbes Licht blicken und nachher die Augen äußerlich verdunkeln, schwebt ein Violett vor den geschlossenen Lidern. All dies braucht hier nicht ausgeführt zu werden, da alles in Physiologien oder noch besser bei Goethe nachgelesen werden kann. Für den hier verfolgten Weg ist es wichtig, die Aufmerksamkeit auf das Verhalten der Augen beim Farbensehen zu richten. Das Auge ist im Grunde nur befriedigt, wenn eigentlich bei jedem Färbigen von draußen, innerlich — wenn auch abgedämpft und wenig von uns selbst bewußt empfunden — die restlichen Farben, die also nicht von der Umwelt stammen, als Gegenfarben vom Auge selbst erzeugt werden. Immer will sich der Farbenkreis schließen. Nur dann erlebt das Organ die von ihm gesuchte Harmonie.

Im „Entwurf einer Farbenlehre" drückt dies Goethe unmittelbar verständlich aus und in solcher Kürze, daß man wohl nichts besseres tun kann, als die Stelle hier als Anmerkung anzuführen[6]). Der ganze Vorgang vollzieht sich verhältnismäßig schnell; nur wenn die an die Augen herangebrachten Farben nicht ihren inneren Ausgleich finden, ermüden wir im Auge. Dies wäre also eine Art Farbenermüdung des Organes, die natürlich nicht mit der Akkomodationsermüdung verwechselt werden soll. In der Natur, wo die Farben sich ja kaum mit der Geschwindigkeit verändern wie etwa in einem Farbfilm, erholt sich das Auge meist an dem Anblick der Farben, die sich ihm bieten. Selbstredend müssen sich die Menschen selbst auch nicht in dem Zustand einer schnellen Bewegung befinden, wie etwa bei einer Fahrt im Expreß oder gar im Flugzeug. In solchen Fällen wird das Auge sehr bald erschöpft, weil es physiologisch gar nicht dem Farbenausgleiche nachkommen kann. Ein Grund, warum wir eine so erholende Befriedigung fühlen, wenn wir nach einer gehetzten Tagesarbeit in gemäßigtem Tempo über Wiesen und durch Felder gehen, ist wohl der Frieden, der von den Augen erlebt werden kann, wenn sie jetzt imstande sind, die von außen her erlebten Farben in gemäßigter innerer Aktivität durch die Gegenfarben zu harmonisieren.

Ein viertes Erlebnis beim Sehen scheint ebenfalls von außerordentlicher Wichtigkeit zu sein. Es bezieht sich auf jene geheimnisvolle Erscheinung, daß auf unsere Netzhaut bekanntlich — den gewöhnlichen optischen Gesetzen entsprechend — eigentlich nur ein verkleinertes und verkehrtes Bildchen fällt und daß wir trotzdem die Dinge dieser Welt aufrecht, und wie wir jedenfalls meinen, in ihrer richtigen Größe erblicken können. Es besteht kein Zweifel, daß auf die sehempfindliche Netzhaut ein solch verkehrtes und verkleinertes Bild fällt. Man kann dieses Bildchen nämlich unter Umstän-

---

[6]) „Physiologische Farben" Par. 60. „Diese Phänomene sind von der größten Wichtigkeit, indem sie uns auf die Gesetze des Sehens hindeuten und zukünftiger Betrachtung der Farben eine notwendige Vorbereitung sind. Das Auge verlangt dabei ganz eigentlich Totalität und schließt in sich selbst den Farbenkreis ab. In dem vom Gelb geforderten Violetten liegt das Rot, dem das Blau entspricht; das Grün vereinigt Blau und Gelb und fordert das Rote, und so in allen Abstufungen der verschiedenen Mischungen. Daß man in diesem Falle genötigt werde, drei Hauptfarben anzunehmen, ist schon früher von den Beobachtern bemerkt worden."

den sogar beim Menschen sehen. Wieso wir aber dieses umgekehrte Bild, das ganz klein ist, in normaler Stellung und Größe hinausverlegen, wird in neueren Physiologien als ein „psychischer Akt" beschrieben, der aber als solcher unerklärlich bleibt. Im Grunde ist der Gedanke, den schon Kepler und später Volkmann äußerten, vollkommen verständlich: das auf die Netzhaut aufgefallene Bild wird gleichsam ein neues Bild, das nun durch das ganze optische System (in umgekehrter Folge, also Glaskörper, Linse Pupille) wieder „hinausgesehen" wird. Dies ist gleichsam der zweite Akt, der dem „Hinein-sehen", das verkleinert und umgekehrt vor sich geht, folgt. Dieses Geschehen kommt mit der gleichen Aktivität aus dem inneren Wesen der Augen als Antwort auf das empfangene Bild, wie das Sehen der Gegenfarben im Innern als Reaktion auf die von außen eindringenden Farben. Ein großer Unterschied besteht aber in diesen zwei Vorgängen. Beim Farbensehen wird vor allem der unmittelbar vom Organ empfangene Sinneseindruck (erster Akt) bewußt, während der ausgelöste Gegenprozeß in der Bildung der sogenannten Gegenfarbe (zweiter Akt) meist unbewußt bleibt. Im Sehen der Formen spielt sich aber das Umgekehrte ab; das äußerlich aufgenommene Bild, das auf die Netzhaut umgekehrt und verkleinert projiziert wird, (erster Akt) bleibt völlig unbewußt, aber die aktive Hinausprojizierung in die natürliche Größe und Aufrechtheit (zweiter Akt) fällt dann in unser Bewußtsein.

In dieser Erscheinung offenbart sich ebenfalls das Bestreben des Auges, immer die harmonisierende Ergänzung durch die innerliche Betätigung im Organe zu finden. Es wäre wohl eine gänzlich verzerrte Welt vor der wir stehen müßten, wenn alles verkehrt und verkleinert erschiene. Daß dies nicht geschieht, dafür sorgt die Seharbeit, die sich nicht damit begnügen kann, was sich von der äußeren Welt in uns bildhaft einschreibt, sondern die das Empfangene erst richtig umwandelt. Der „psychische Akt", der, wie die Physiologen vielfach behaupten, unerklärlich bleibt, ist die Betätigung des Willens, der eine Antwort auf das passiv empfangene Wahrnehmungsbild bedeutet.

Schließlich sei noch eine fünfte Funktion angeführt, die dem

Gesichtsinn zukommt, nämlich das räumliche Sehen. Es hat mit der Tatsache zu tun, daß wir zwei Augen besitzen; obwohl dies der Fall ist, sehen wir im allgemeinen nicht zwei verschiedene Bilder der Welt, sondern ein einheitliches. Dieses einheitliche erblicken wir aber gerade im Raume, weil es sich aus dem linken und rechten Bilde der beiden Augen zusammensetzt. Bekanntlich vollzieht sich dies so, daß ein Teil des Wahrnehmungsbildes, nämlich das mittlere, für beide Augen gemeinsam bleibt, während der äußere rechte oder linke Anteil nur dem jeweiligen rechten oder linken Auge allein zufällt. Das Zusammenbringen der zwei verschiedenartigen Bilder beider Augen erfordert stets eine innere Anstrengung. Auch bezüglich dieser Arbeit wird von einem „psychischen" Akt gesprochen, den man im Grunde gar nicht erklären kann. Im Sinne der alten Anschauung von Hering und Helmholtz wird theoretisch gezeigt, daß man so sieht, als hätte man nur e i n Auge in der Mitte, das sogenannte Zyklopenauge. (Für dieses gibt es anatomisch nachweisbare Rudimente) [7]). Die Bemühung, die von beiden Augen empfangenen Bilder zu einem einzigen zu gestalten, erzeugt in uns das Raumerlebnis im Schauen. Dieser Willensakt ist eine Tätigkeit unseres menschlichen Ich, wie aus der Auffassung Rudolf Steiners hervorgeht; denn für ihn liegt gerade in der speziellen Kreuzung der Sehnerven eine Formation vor, die vom Ich des Menschen gebildet und gebraucht wird. Zwei Erscheinungen sind hierbei wert erwähnt zu werden. Die eine ist, wie wir z. B. bei einer gedanklichen Konzentration — die doch vor allem eine Arbeit unseres persönlichen Ich bedeutet — das Gefühl haben, wie wir unser Wesen in einem Punkte, nahe der Nasenwurzel, in der Mitte zwischen beiden Augen, zusammenziehen, gleichsam von dort unsere Kraft einströmen lassen können. Es gibt sogar Menschen, die beim intensiven Nachdenken drei Finger ihrer Hand (Daumen, Zeige- und Mittelfinger) — oft ist es gerade die linke Hand — auf diese Stelle zwischen den zwei Augen auflegen.

---

7) Im Sinne Rudolf Steiners hat dieses Organ in alten Zeiten weniger mit dem Sehen, als mit der Wahrnehmung der Wärme zu tun gehabt.

Die zweite Erscheinung ist die, daß in der Malerei die Perspektive erst aufkommt, sobald die Ichentwickelung in der Menschheit beginnt. Da wird erst das Raumelement wirklich bewußt; die Dreidimensionalität beginnt in der Darstellung eine große Rolle zu spielen.

Vom psychologischen Gesichtspunkte aus ist es interessant, daß wir das Räumliche umso stärker im Schauen erleben, je näher die Dinge an uns herankommen — also auch wenn unser persönliches Ich sich enger mit unserem eigenen Leibe verbindet. Dagegen verschwindet das Raumsehen umso mehr, je weiter wir hinausschauen — uns selbst also auch geradezu vom Körper loslösen. In weiter Ferne erleben wir z. B. eine Landschaft nur mehr ganz flächenhaft. Auf alten Malereien erscheint noch alles mehr wie in e i n e r Ebene gelegen. Menschen mitsamt ihrer Umgebung sind so, wie wenn wir in die weite Ferne blicken. Es war eine Zeit, wo man sich noch viel schwächer in seiner Leiblichkeit fühlte.

Damit kommen wir zum Ergebnis, daß sogar die beiden Augen aufeinander abgestimmt sein müssen, um sich im Wahrnehmungsbilde völlig ergänzen zu können. Linkes und rechtes Auge haben sich gegenseitig zu harmonisieren, wenn das einheitliche Sehen, aus dem dann die Raumwahrnehmung ersteht, bewahrt bleiben soll. In Krankheitsfällen, wenn beispielsweise Augenmuskellähmungen auftreten, gelingt es dem Kranken nicht mehr, ein einfaches Bild zu erblicken: es entstehen Doppelbilder, die das räumliche Sehen außerordentlich stören. Unsicherheit bis zu schwerem Schwindelgefühl kann auftreten. Die vielen komplizierten Fälle von Schielen, wo der Betroffene trotz seiner abnormalen Augenstellung nicht unter Doppeltsehen leidet, können hier natürlich nicht erörtert werden. Sie gehören schon zu sehr in das Bereich des Augenspezialisten. Eines scheint aber bei diesen Leiden stets vorzuliegen: der Schielende ist nicht in der Lage, eine harmonische Zusammenarbeit beider Augen zu erreichen. Immer offenbart sich im Schielen — wenn es nicht gerade äußerlich durch eine Verletzung verursacht ist — eine gewisse Schwäche des menschlichen Ich, das die Augen nicht einheitlich zu lenken versteht. Im Grunde fordern dies aber die Sehorgane.

Die genannten Teilfunktionen des Auges sind nur deshalb hier alle aufgezählt worden, weil sich aus jeder einzelnen Tatsache zeigt, wie sich in den Augen eine stets ausgleichende, zur Harmonie führende Arbeit abspielt. Im gesunden Zustand wird dies kaum jemals bewußt. Aber an den Störungen offenbaren sich gewisse Erscheinungen, die selbst auf tiefe Hintergründe des menschlichen Charakters weisen. Ehe noch darauf hingewiesen werden darf, muß auf die Eigenschaft im Seelenleben aufmerksam gemacht werden, die dem entspricht, was sich im Auge vollzieht. Dieses strebt im Organisch-Lebendigen nach einem Zustand, der, wenn er in der Seele vor sich geht, zur inneren Zufriedenheit wird. Wie das Auge z. B. nicht früher „zufrieden" sein kann mit seinem Farbenerlebnis, bis nicht die Gesamtheit des Farbenkreises in Farbe und Gegenfarbe sich darlebt, so ähnlich kann die Seele sich dem ganzen Leben gegenüber verhalten, wenn sie Zufriedenheit anstrebt. Selbstverständlich ist hiermit eine errungene, beschauliche und trotzdem aktive Zufriedenheit, eine höhere Weisheit und kein philiströses Zufriedensein gemeint.

Wir können also von dem Gesichtsinn etwas ungeheuer Richtunggebendes für unsere Seele lernen. Daraus ergibt sich ganz klar, wie bedeutungsvoll eine gesunde Augen-Sinnes-Erziehung sein kann. Sie wird uns für spätere Jahre zu einer gewaltigen Hilfe, um die Kraft einer Zufriedenheit — im höchsten Sinne — zu erwerben.

Die Erziehung, die das Bestreben hat, Menschen heranzubilden, die einmal ein solches Maß von wahrer Zufriedenheit im Herzen tragen, wird für eine richtige Pflege des Gesichtsinnes eines Wesens sorgen müssen. Es ist z. B. für das Kind überaus wichtig, daß seine Linsentätigkeit nicht überanstrengt wird. Man muß für das kleine Kind allmählich herausfinden, welche Entfernung ihm am liebsten ist, um etwas anzusehen. Bringt man Bälle oder Spielzeug in der Wiege zu nahe, dann akkomodiert der Säugling zu stark, wird zu tätig. Auch in späterer Zeit soll darüber gewacht werden, daß die Kinder sich nicht an das Zu-nahe-Sehen gewöhnen. Das geschieht natürlich leicht, wenn sich Kinder in dunklen Räumen aufhalten; dann sind sie eigentlich gezwungen, alle kleineren

Gegenstände näher an ihre Augen heranzubringen als es bei gutem Lichte notwendig ist. Wie die Schüler in der Schulklasse sitzen, hat ebenfalls viel Bedeutung; denn nur bei guten Schreibpulten ist jene Einstellung der Augen möglich, die sie brauchen. Auch die Körperhaltung spielt dabei eine Rolle. Es darf ja niemals vergessen werden, daß die Einstellung der Augen in die Nähe und Ferne nichts Mechanisches ist, sondern, wie gezeigt wurde, sehr viel mit der Persönlichkeit des Menschen zu tun hat. Eine schlaffe, mehr krumme Körperhaltung verrät oft, wie das Schielen, ein Ich, das aus Schwäche nicht tief genug in den Organismus eingreift.

Ein solches Kind hat leicht die Neigung, seine Nase beim Lesen tiefer in das Buch hineinzustrecken, als ein mehr zur aufrechten Stellung neigendes Kind, das eine gute Körperstellung einzunehmen gewöhnt ist. Der schlaffe Mensch neigt auch mehr zur Kurzsichtigkeit. Schulärzte werden einem leicht ein wichtiges Symptomenbild beschreiben können, bei dem die Kinder unter Kurzsichtigkeit, Rückgratverkrümmungen und Plattfüßen leiden. Diese Erscheinungen sind alle ein Zeichen einer gewissen Schwäche des Ich. Die in Rudolf-Steiner-Schulen gepflegte Eurythmie wirkt durch eine richtige Gliedmaßenbetätigung einer derartigen Schlaffheit entgegen. In ähnlicher Richtung wirkt auch eine sinngemäße Gymnastik. In mehr spezieller Weise, individuell in Einzelstunden, kann die sogenannte „Heil-Eurythmie" zur Korrektur der Augenschwächen, wie etwa einer Kurzsichtigkeit, gebraucht werden. Schon vor Jahren sollen Statistiken gezeigt haben, daß an den deutschen Rudolf-Steiner-Schulen verhältnismäßig weniger kurzsichtige Kinder zu treffen sind als an den übrigen Schulen. Dies hängt natürlich mit der allgemeinen Methode dieser Pädagogik zusammen, die eine möglichst harmonische Beziehung zwischen Umwelt und Persönlichkeit anstrebt. Besonders zuträglich scheint es in den ersten Jahren des Schullebens für die Augen zu sein, daß die Kinder aus dem Bildhaften und Malerischen ganz allmählich zum strichmäßigen Schreiben gelangen. Dafür werden in diesen Schulen die ersten Jahre verwendet, während dies sonst meist im Laufe von wenigen Monaten erreicht wird. Das feine, strichhafte Schreiben ist aber für junge Kinder — abgesehen von anderen Schäden — bestimmt eine Überanstrengung ihrer Akkomodation, die oft in kürzerer Zeit zur Kurzsichtigkeit führen kann. Bei dieser Sehstörung wird leicht zu bemerken sein, wie ein Kind — aber auch der Erwachsene — beim Schauen unwillkürlich eine solche Anstrengung machen muß, daß sie bis zu einem gewissen Grade sogar im Auge selbst gespürt wird. Es scheint als ob sich das empfangene Bild irgendwie fester, ja starrer mit dem Organismus verbindet; natürlich ist der mehr lebendig-organische Prozeß gemeint, der sich in uns abspielt. Man könnte sogar sagen, daß der Kurzsichtige zu stark und zu viel bis in das Leibliche, in die sichtbare Welt hineingestaucht wird; er muß sie gleichsam zu nahe an sich heranholen. Er erhält dadurch mehr die Konstitution des intellektuellen Typus, wenn der Ausdruck erlaubt ist. Er gerät dadurch leichter als andere in die Gefahr, mehr enge, theoretische Gedanken zu entfalten. Er beginnt sich, selbstredend unbewußt, gegen die ihn bedrückende Welt zu wehren, die etwas zu tief in seinen Körper eingelassen wurde. In seelischer Hinsicht kann eine Vorliebe für Argumentieren, intellektuelles Kämpfen und Streiten entstehen, das oft zu haarspaltenden Auseinandersetzungen führt. Darin liegt meist nichts anderes als eine Art Abwehr des Menschen, sich nicht erdrücken zu lassen von der Außenwelt, die — unter anderem — gerade durch die spezielle Augenorganisation des Kurzsichtigen, sich zu tief in ihn eingesenkt hat. In körperlicher Hinsicht wehrt sich ein so gearteter Mensch dadurch, daß er diesem Eindringen von außen einen bestimmten Abwehrprozeß von innen her entgegenschickt. Dieser Prozeß erweist sich als eine erhöhte Bereitschaft zu Entzündungen. Wie wehrt sich denn der Organismus auch sonst, wenn — natürlich in viel gröberer und handgreiflicher Weise — die Außenwelt in Form von Fremdkörpern oder Bazillen in ihn eindringt? Er produziert einen Entzündungsvorgang, der, wenn er für den Menschen günstig zu Ende geführt wird, auch wieder zur Abstoßung der fremden Stoffe verhilft.

Auf solche Weise kann vielleicht näher erläutert werden, wie Rudolf Steiner die Beziehung herstellte zwischen dem Sehen mit unseren Augen und den im Körper unter Umständen sich ausbreitenden Entzündungen. Der Zustand der Kurzsichtigkeit kennzeichnet damit jemanden, der eine stärkere Tendenz zu Entzündungen haben wird, als der Normalsichtige. Argumentieren ist Abwehr in der Seele, Entzündung ist Abwehr vom Leibe aus — aber beides ist jedenfalls der Ausdruck einer bestimmten Unzufriedenheit, in seelischer oder körperlicher Beziehung. Und damit kommen wir wieder darauf zurück, daß die Augen nicht nur Organe sind, die das Sehen vermitteln können, sondern auch sehr tief mit der Zufriedenheit oder der Gegeneigenschaft, der Unzufriedenheit, eines Menschen verknüpft sind.

Man muß vielleicht ausdrücklich hervorheben, daß natürlich auch der Weitsichtige unter Entzündungszuständen leiden kann, aber er hat im allgemeinen eine geringere Neigung dazu als der Kurzsichtige. Der Grund der geringeren Anfälligkeit — soweit sie mit der Augenorganisation verbunden scheint — liegt einfach darin, daß es dem Weitsichtigen leichter gelingt, die von außen auf ihn hereinstürmende Welt von seiner inneren Leibesorganisation etwas weiter wegzuhalten. Diese Erscheinungen fallen damit zusammen, daß der altwerdende Mensch, der seiner ganzen Entwickelung entsprechend weitsichtig zu werden beginnt, auch eine verhältnismäßig geringere Tendenz hat, einen Entzündungsprozeß zu organisieren. Jedenfalls pflegt die lebendige Stärke der Entzündung weniger kraftvoll zu sein als in der Jugend.

All dies, zusammen genommen, gibt dem Lehrer einen wichtigen Fingerzeig für die Wichtigkeit einer Art von Augenerziehung im Unterrichte. Mit der Augenorganisation hängt nicht nur die seelische Entwickelung zur inneren Zufriedenheit ab, sondern auch die körperliche Gesundheit steht mit ihr bis zu einem gewissen Ausmaße in Zusammenhang. Das Brillentragen, besonders in jungen Jahren, gestaltet sich damit ebenfalls zu einem Problem, das ja meist nicht von dem hier vorgebrachten Gesichtspunkte aus betrachtet wird. Die Wohltat, durch Brillen immerhin ein richtiges Sehen in vielen Fällen zu ermöglichen, sollte uns niemals darüber hinwegtäuschen, daß es sich um ein rein mechanisch-physikalisches Hilfsmittel handelt. Was an innerem Prozeß im gesunden

Auge, sagen wir etwa bei der Akkomodation, vor sich geht, wird durch die künstlichen Gläser ausgeschaltet. Die sonst vorhandene Aktivität im Sinnesorgan ist vermindert und teilt sich daher schwächer der Gesamtorganisation des Menschen mit. Manche der entstehenden Schädigungen können durch bestimmte Übungen in der „Heil-Eurythmie“ wettgemacht werden.

Die innere Genugtuung, die unsere Augen durch das räumliche Sehen empfangen, sollte man im künstlerischen Unterrichte besonders im Bewußtsein tragen. Es dürfte nämlich — wie dies auch schon vorher kurz angedeutet worden ist — erst nach der Zeit der Pubertät das Raumessehen für die aufwachsenden Kinder bewußt gemacht werden, wie dies im Zeichnen durch das Hereinbringen der Perspektive geschieht. Schließlich hat in den letzten Klassen der Kunstunterricht auch darauf zu sehen, daß die jungen Menschen ein Verständnis gewinnen für den wohltätigen Einfluß, den eine güt gelungene Harmonie von hell und dunkel in einer Zeichnung hat. Im Lichte wacht der Mensch auf, kann sich auf sich selbst konzentrieren. Da wird die Pupille auch eng. Im Dunkel weitet sie sich, läßt den Menschen aus seiner leiblichen Bindung locker; er wird träumerisch und schläft schließlich ein. Das richtige Gleichgewicht herbeizuführen wird nicht bloß für die Augen zur Hilfe, sondern eben auch für den Gesamtorganismus. Der heutige Mensch fühlt sich besonders wohltuend berührt, wenn die vollkommene Balance von hell und dunkel an ihn herangebracht wird. Deshalb ist es auch von so großer Bedeutung, die Kinder zum Abschluß ihrer Schulzeit, zwischen 16 und 18 Jahren, zum Verständnis von Rembrandt hinzuleiten. Kein anderer Maler hat bisher mit so viel Bewußtheit und solch überragender Kunst den Menschen Hell und Dunkel erleben lassen. Gelingt es in der Jugend die richtige Begeisterung für diese Bilder im Herzen zu erwecken, dann senkt man in die Seelen einen wertvollen Samen. Es kann später daraus die Kraft der inneren Zufriedenheit erblühen.

Der komplizierteste Prozeß, der sich im Augenerlebnis abspielt, bleibt wohl die Farbenwahrnehmung und was durch sie angeregt wird. Der Erwachsene muß immer lernen, daß er sich mit den Farben innig verbindet und gleichsam innerlich nachlauschen lernt, was als Antwort auf das Rot oder Gelb erwidert wird. Das Studium mancher Maler wird nach dieser Richtung von größter Hilfe sein. Das Betrachten solcher Bilder z. B. wie der des englischen Malers Turner, kann einem unmittelbar die Sicherheit verleihen, daß harmonisch behandelte Farben das wundervollste Gefühl geistiger Zufriedenheit schaffen.

Farbenwahrnehmung scheint auch für das Kind zu den sehr frühen Erlebnissen durch den Gesichtssinn zu gehören. Daher hat schon die früheste Erziehung ihre Aufmerksamkeit darauf zu richten [8]). Das steigert sich dann im ganzen Malunterricht, auf den die Pädagogik Rudolf Steiners schon von den ersten Klassen an den größten Wert legt.

Sobald der Zusammenhang zwischen Augenfunktion und Seelenzufriedenheit erkannt ist, wird leicht eingesehen werden, wie nötig es unsere Gegenwart hat, dies aufzugreifen. Denn in wenigen Zeitaltern dürfte es unter den Menschen mehr Unzufriedene gegeben haben, als gerade heutzutage. Warum sind sie unzufrieden? Weil sie sich mit ihrem Schicksal — das sie meist gar nicht verstehen — nicht versöhnen können. Und so kommt man zu dem Schlusse, daß die richtige Augenerziehung eines der Hilfsmittel sein kann, um sein Schicksal zu erfassen. Ist es da nicht wert, so früh als möglich mit der richtigen Pflege des Sehens zu beginnen — und so spät als möglich im Leben damit aufzuhören?

---

8) Siehe z. B. „Frühe Kindheit" diesbezüglich.

VIII.

WÄRMESINN

Der Wärmesinn gibt uns sofort ein Problem auf, das bei den anderen Sinnen nicht so stark in den Vordergrund tritt. Rudolf Steiner wies besonders darauf hin, wie es bei der Wärme fortwährend empfunden werden kann, wie Physisches in Seelisches, Seelisches in Physisches hinüberspielt; denn wir fühlen gerade bei der Wärme, wie die äußere innigst verwandt ist mit dem Elemente der inneren Seelen-Wärme.

Die Antwort auf die Frage, wieso dies der Fall ist, fordert zuerst eine Berücksichtigung verschiedener Tatsachen. Man wird nachforschen, wo wir die gewöhnliche Wärme wahrnehmen. Das wesentliche Organ, das die Wärme spürt, ist die Haut, befindet sich also an der Körperoberfläche. Die übrigen Stellen, die temperaturempfindlich sind, wie manche Schleimhäute der Mund- und Rachenhöhle, des Kehlkopfes, der Speiseröhre, des Bodens der Nasenhöhle und des Afters, treten an Ausmaß weit hinter dem Hautorgan zurück. Für den Wärmesinn ist es besonders bemerkenswert, daß eigentlich alles, was durch ihn wahrgenommen wird, für den ganzen Organismus einen Ansporn zur stärksten Aktivität bedeutet. Es ist vielleicht genauer zu betonen, daß in dem vorliegenden Zusammenhang der Wärmesinn nicht nur als der Sinn zum Fühlen von Wärme, sondern auch von Kälte aufgefaßt wird. Dies sei deshalb erwähnt, weil ja in der Physiologie die sogenannten Kälte- und Wärmepunkte der Haut verschieden lokalisiert werden müssen; es gibt doch bekanntlich viel mehr Kältepunkte als Wärmepunkte. Es hat sehr große Bedeutung, daß man ungefähr 250 000 Kältepunkte an der Haut findet, aber nur etwa 30 000 Wärmepunkte. Die letzteren liegen etwas tiefer in der Haut, also weiter entfernt von der Körperoberfläche als die Kältepunkte. Das weist schon von vornherein darauf hin, daß der Mensch von Natur aus gegen Kälte, innerhalb bestimmter Grenzen, mehr empfindlich sein muß als gegen Hitze. Die innere Aktivität wird bei diesem Sinne deshalb so sehr in Anspruch genommen, weil der Wärmeprozeß im Menschen ununterbrochen tätig ist. Für gewöhnlich kommt es einem gar nicht zu Bewußtsein, daß wir z. B. ohne Unterbrechung Wärme verströmen. Unsere Haut strahlt ständig Wärme aus. Ferner gibt unser Atemstrom mit jeder Ausatmung — also durchschnittlich 18mal in der Minute — Wärme nach außen ab und empfängt mit der Einatmung meist ein gewisses Ausmaß von Kälte durch die Lungen. Außerdem fordert jede Aufnahme von Speisen und Getränken einen Ausgleich der Temperatur; denn weder die Nahrung noch die Getränke werden von uns so warm oder kühl aufgenommen, wie dies unserer Blutwärme entsprechen müßte. Die Wärme unseres Körpers wird ja durch das Blut von innen her bestimmt. Dies ununterbrochene Festhalten an einer mittleren Temperatur von ungefähr 37 Graden Celsius erfordert ein ungewöhnlich hohes Maß von Betätigung im Organismus. Wir geben uns fortwährend aus durch einen ständigen Verlust an Wärme, retten uns aber immer wieder — im Verlauf unseres ganzen Lebens — durch das ständige Anfeuern unserer Wärmeproduktion. Daß unser Körper Kenntnis gewinnt, wo und wie die Wärme benötigt wird, verdankt er dem „Wärmesinn". Im Grunde genommen ist aber dieses Anfachen der Flamme innerlich in uns etwas ganz im Seelischen Liegendes; es schlägt nur unmittelbar sofort in unser Blut hinein und wirkt sich leiblich aus. Dadurch entsteht dieses fortwährende Hinüber und Herüber von der Seele in den Körper und umgekehrt [1]).

Wir begreifen die große Wichtigkeit, die es für den Menschen hat, einen richtig arbeitenden Wärmesinn zu entwickeln.

---

1) Wärmeträger ist das Blut und im Blute sind es vor allem die roten Blutkörperchen, die als Eisenträger — im Hämogoblin — für das Wärmeelement verantwortlich sind. Hinter den Kräften des Eisens stehen bekanntlich planetarische Kräfte. Es kann daher ungeheuer aufklärend sein, wenn Rudolf Steiner in den Vorträgen „Menschenfragen und Weltenantworten" ausspricht: ... „Es ist das sogar das Wichtigste im Menschen, denn weil er in sich mehr Wärme hat als

Die besonders maßgebliche Zeit dafür liegt in der frühen Kindheit. Sie ist jene Periode, in der das noch ganz schlafende Seelische mit aller Wärmekraft in den Körper hineinarbeitet. Der schwache, am Beginn des Wachstums befindliche Leib des Kleinkindes hat die ihm nötige Wärmeregulierung noch lange nicht gefunden. Es überwiegt einerseits der Seelenansturm auf den Körper, andererseits ist dieser noch nicht so weit, die Wärme ganz von sich aus halten zu können. Deshalb braucht der junge Organismus auch von außen eine bedeutende Wärme-Unterstützung und Pflege. Im Mutterleibe wird das Kind in bezug auf sein Wärmebedürfnis noch vollkommen behütet. Da sind mütterliche und embryonale Blutwärme eine Einheit. Mit dem ersten Atemzug und der Änderung des kindlichen Kreislaufes durch die Lungenatmung, geschieht die endgültige Trennung des gemeinsamen physischen Wärmeleibes von Mutter und Kind. Dieses benötigt deshalb von außen noch sehr viel Wärme. Wird dem nicht genügend Rechnung getragen, so leidet auch die Entwickelung des Wärmesinnes. Ein Auge z. B., das nicht richtig in die Nähe blicken kann, aber dazu — selbst in späteren Jahren — gezwungen wird, erleidet eine Schwächung. Ein Kind, das zu wenig Wärme empfängt von der Umgebung — weil es z. B. nicht warm genug gekleidet ist — verliert die Empfindlichkeit seines Wärmesinnes. Infolgedessen wird er im späteren Leben für den Leib ein schlechter Botschafter für den Wärmestrom, der zusammen mit dem Blute kreist, d. h. der Organismus verliert in sich die Sicherheit zu wissen, wohin die Wärme jeweils hingeleitet werden soll. Rudolf Steiner hat wiederholt vor den vorzeitigen „Abhärtungskuren" gewarnt und gelegentlich darauf hingewiesen, daß z. B. gerade jene Leute, die scheinbar besonders „abgehärtet" wurden in jungen Jahren, in späteren Jahren z. B. Schwierigkeiten haben, die Hitze im Sommer zu vertra-

in seiner Umgebung vorhanden ist, ist er fortwährend in der Gefahr, im Wärmeelemente auszufließen. Das ist das Allerwichtigste. Daher müssen die Marskräfte geradezu im Menschen konzentriert sein. Und das geschieht durch das Eisen, das der Mensch im Blute hat. Das Eisen enthält Kräfte, die mit den Marskräften gleich sind und die den Menschen zusammenhalten gegenüber dem Zerfließen in der Wärme." (S. 41, 30. 6. 1922.)

gen. Dies ist auch physiologisch einleuchtend; denn bei einer „Abhärtung“ werden ja organisch jene Stellen abgelähmt, die vor allem die „Kältepunkte“ der Haut sind und die an Zahl die sogenannten „Wärmepunkte“ um ein Vielfaches überragen. Da die ersteren durch die Über-Inanspruchnahme in einer vorangehenden Lebensepoche geschwächt worden sind, steht die Wärmeempfindlichkeit besonders im Vordergrunde.

Was bisher versucht worden ist darzustellen, gibt die Voraussetzungen dafür, warum dies so sein muß. Der Wärmesinn wird nutzlos überanstrengt durch die „Abhärtungskuren“ im frühen Lebensalter. Durch ihn müßte dem Blute gleichsam immer ein Zeichen gegeben werden, wohin die Wärme gebracht werden solle. Dies geht nicht, weil die Ausbildung des Organismus noch nicht weit genug fortgeschritten ist. Das Wirken des Wärmesinnes wird also bis zu einem gewissen Grade eine vergebliche Arbeit. Der Sinn ist überarbeitet und verliert seine Lebendigkeit. Aber im Erwachsenen macht sich dann der Ausbildungsmangel geltend und zeigt sich oft darin, daß die notwendige Verbindung zwischen Sinnesorgan und innerer Organfunktion (im vorliegenden Falle z. B. die Blutzirkulation) gelähmt, geschwächt oder gar unterbrochen wird.

Die Folgen drücken sich praktisch nicht in so einfacher Weise aus, daß jemand keine Sommerwärme vertragen kann, ohne sich krank zu fühlen. Die Folgen sind noch viel schwerwiegender. Der nicht richtig arbeitende Wärmesinn übersieht, oder besser, „überfühlt“ den Augenblick, wann etwa zu wenig Wärme in der Umgebung vorhanden ist. Statt daß eben das Blut die Verminderung der Hauttemperatur rechtzeitig ausgleicht, wird einfach zu viel äußere Kälte in den Leib eingelassen. Damit öffnet sich aber die organische Innenwelt ohne genügenden Schutz dem Einflusse der Außenwelt. Dadurch kann die im Blute vorhandene Widerstandskraft gegen gewisse Krankheiten aufgehoben werden und die Plage der Erkältungskrankheiten trifft die Menschen als eine harte Geißel. Man mag mit noch so großer Energie die Schlachten gegen diese Krankheiten betreiben, wie dies im Menschenexperiment in England und in Amerika (z. B. in der Armee der USA) geschieht — wirklich erfolgreich im physiologischen Sinne kann man erst sein, wenn die Menschen den Wärmesinn der Kinder weniger verderben. Vaccine und Antibiotica sind ja in diesem Kampfe nur äußere Mittel, die auf die tieferen Ursachen der Leiden gar nicht eingehen. Die eigentlich menschliche Widerstandskraft wird durch sie nicht gestärkt. Daß die Kinder Luft und Licht brauchen, um gesünder zu werden, wurde zum Schlagwort der neueren Kinderheilkunde, aber die Bedeutung der Wärme für den wachsenden Menschen hat man falsch beurteilt. Dies geschah wahrscheinlich nur deshalb, weil man — wie oft in der Medizin — einen zu kurzen Zeitraum im Lebenslaufe in Betracht gezogen hat. Natürlich kann versucht werden, den Organismus vorerst scheinbar erfolgreich an eine immer größere Kälte zu gewöhnen, ihn also „abzuhärten" —, wie sich dies aber nach Jahren oder sogar Jahrzehnten in seinen Folgen äußert, wird mit der ursprünglichen Kindheitsschädigung nicht in Zusammenhang gebracht. Ich kann eine alte Frau anführen, die so richtig nach den Abhärtungsregeln unserer Zeit erzogen wurde. Von früh auf ist sie nie „verweichlicht" worden. Kühle und Härte bildeten die Erziehungsmittel. Am Ende ihrer mittleren Jahre erkrankte sie an einer immer fortschreitenden Gelenkserkrankung (Arthritis deformans). Noch heute haftet ihr die sehr charakteristische Eigenschaft an, es nur ja nicht richtig warm in ihrem Zimmer zu haben. Trotz einer sehr schlechten Zirkulation des Blutes, die sich in der Blaufärbung der Glieder zeigt, empfindet sie einfach nie Kälte und läßt bei einer Temperatur sofort die Fenster öffnen, bei der Gesunde vor Kälte zittern. Ihr Wärmesinn wurde von Kindheit an verdorben.

Nicht immer muß es erst so lange dauern — im vorliegenden Falle etwa 45—50 Jahre! — ehe die Folgen falscher Lebenshaltung dem Wärmesinn gegenüber, herauskommen. Es gibt ein ganzes Land, an dem studiert werden kann, wozu die frühzeitige „Unterkühlung" der menschlichen Natur führt! In England ist es z. B. ein direkt volksüblicher Brauch geworden, daß es niemals warm, wirklich warm, in einem Raum werden darf, wenn man darin noch richtig arbeiten soll. Keinesfalls darf es aber in einem Schlafzimmer warm sein. Und so schlafen Kinder von klein auf, ebenso wie die Erwachsenen, in ungeheizten Schlafzimmern bei jeder Temperatur im Winter. Nun sollte man meinen, wenn die vielgepriesene „Abhärtung“ wirklich durch starke und fortgesetzte Kälteeinwirkung für Menschen erreicht werden kann, daß diese Leute, die so an kalte Räume gewöhnt werden wie die Engländer, die widerstandsfähigsten sein müssen. Und doch ist gerade das vollkommene Gegenteil von dem wahr, was vom Segen der Abhärtung erwartet wird. Denn vielleicht nirgends gibt es im Winter und in den sogenannten Übergangszeiten des Jahres mehr Kranke mit Erkältungskrankheiten wie gerade in England. Zu den Erkältungskrankheiten sind außer Schnupfen, Husten, Bronchialkatarrhen, Bronchitis und manchen Formen der Lungenentzündung auch Lumbago, Ischias, gewisse Neuralgien, Hals- und Mittelohrenentzündungen zu zählen. Viele dieser Krankheiten sind im Grunde als ein Versuch aufzufassen, immer wieder den Wärmeorganismus, der zu zerfallen droht, wieder in Ordnung zu bringen, wieder gesunde Zustände herzustellen. Leider verhindert die landesübliche Behandlung dieser Krankheiten mit chemischen und antibiotischen Mitteln, wieder eine wirkliche innere Gesundung des Wärmeprozesses und Wärmesinnes herbeizuführen. Natürlich mag es sogar oft gelingen, eines dieser Leiden durch diese Mittel abzukürzen, aber die Widerstandskraft des Körpers selbst kann auf diese Weise nicht erhöht werden; der ohnedies geschwächte Wärmesinn wird nur noch schwächer, statt daß er aus einer solchen Krankheit wieder gekräftigt hervorgeht.

Durch die zu frühzeitige Abhärtung gegen Kälte wird im Menschen für die spätere Lebenszeit ein eigentümlicher Zustand geschaffen. Infolge der Schädigung des Wärmesinnes verlernt der Organismus die natürliche und instinktive Reaktion auf die äußere Temperatur. Ein solcher Mensch kann es z. B. nicht vertragen, mit anderen Leuten zusammen in einem gut gewärmten Zimmer zu sitzen. Er findet es sofort „erstikkend“ heiß. Er bekommt das Gefühl, nicht mehr atmen und nicht denken zu können; selbstverständlich, weil der Wärmesinn die Wahrnehmung der Wärme, wie sie dem Körper gemäß sein sollte, nicht mehr richtig empfängt und die Verteilung nicht mehr fein genug geregelt wird. Die Köpfe solcher Leute werden von ihren eigenen Hitzewellen überflutet, denn das Blut steigt ihnen sehr schnell zu Kopf. Sie reißen ein Fenster auf, um frische Luft zu haben, oder sie lieben es, sich dem Luftzug unmittelbar preiszugeben. Sie haben eben den wirklichen „Wärmeinstinkt" verloren, wenn dieser Ausdruck gestattet ist. Als Folge davon wird man zu viel der Kälte ausgesetzt und das Resultat ist dann leicht eine der Krankheiten, die früher aufgezählt wurden. Wie jemand durch unrichtige Essensgewohnheiten, besonders in jungen Jahren, den gesunden Nahrungsinstinkt verlieren kann, so verlernt derjenige die Wärmeverhältnisse zu verstehen, die zuträglich für ihn sind, dem der Wärmesinn verdorben wurde.

Nur wenn ganz bewußt, vom ersten Lebenstag des Menschen an, darauf geachtet werden wird, immer genügend Wärme in der Umwelt zu haben, ist eine siegreiche Bekämpfung der „Erkältungskrankheiten" zu erhoffen. Also gerade das Gegenteil von dem ist wahr, was man etwa vom Anfang dieses Jahrhunderts an, auch schon etwas vorher, geraten und verbreitet hat; je mehr und je früher der Organismus an Kälte gewöhnt wird, umso besser sei es für die menschliche Gesundheit, wurde mit Nachdruck betont. Und viel von jener Anschauung lebt bis in unsere Gegenwart noch fort und treibt sein Unwesen.

Die Menschen haben das große Verlangen, daß man sie mit seelischer Wärme umgibt. Das gilt im höchsten Grade für die Zeit der Kindheit. Die Gedanken und Gefühle, die jemand innerlich für andere pflegt und entwickelt, strömen in die Umwelt aus und haben ihre Wirkung. Der pflanzenliebende Gärtner, der tierliebende Landwirt nährt und fördert seine Pflanzen und Tiere in ganz anderer Weise als der nur kühl berechnende Bauer. In noch gesteigertem Maße wie Blumen und Tiere brauchen aber die Kinder das Wärmeelement, das aus den Seelenkräften von Mutter, Vater, Erziehern an sie herandringen soll. Leider kann man in unserer gegenwärtigen Zeit häufig finden, daß auch in bezug auf die Seelenbildung, das Prinzip der „Abhärtung" angewendet wird. Ein Teil unserer jungen Mütter und noch häufiger der jungen Väter, hat die Meinung, daß eine kurz angebundene Sprechweise, eine kühle Einhaltung von Ordnung und Disziplin, die besten Wege der Erziehung sind. Bei einer solchen Behandlung erfrieren aber die Kinder seelisch; das hat zur Folge, daß sie an Lebenskräften verarmen, phantasielos denken und unschöpferisch bleiben.

Ist das Organ der mehr physischen Wärme für den Wärmesinn in der Haut gelegen, so ist jenes Organ, das mehr mit der Seelenwärme verbunden erscheint, im Herzen zu suchen. In das Herz strömt von allen Seiten des Organismus Wärme hinein, wird in ganz feiner Weise vermischt und teilt sich von hier aus dem Seelischen unmittelbar mit. In bezug auf die Wärme, deren Träger das Blut ist, gestaltet sich das menschliche Herz zu einem ganz besonders zarten Sinnesorgan. Die alte Lehre des Aristoteles wird gegenwärtig meist so gedeutet, daß der griechische Philosoph die Auffassung hatte, das Herz bereite die Wärme in sich und sende sie mit dem Blute allen Teilen des Körpers zu. In Wahrheit können diese Versuche einer Erklärung schon deshalb nicht ganz stimmen, weil ja Aristoteles niemals die Blutverteilung als ein Resultat des Herzens auffaßte. Diese Idee kam doch erst auf — daß also das Herz das Blut im Körper verbreite — als das Herz zum Pumporgan degradiert wurde. Der wirkliche Sachverhalt scheint vielmehr folgendermaßen zu sein: einerseits strömt, wie erwähnt, alle Wärme mit dem Blute in das Herz, vermischt sich, gleicht sich aus und strömt weiter. Andererseits wird natürlich, wenn auch quantitativ gering, von dem Herzen als bewegten Muskel ständig Wärme erzeugt, die sich der schon zugeströmten mitteilt. Das Bedeutungsvolle ist, daß die im Herzen aufgenommene Wärme von dem Sinnesorgan „Herz“ den Weg in die Seele findet. Bei einer solchen Betrachtungsweise wird es erst verständlich, warum es auch möglich wird, so vielerlei Nuancen von Wärme zu empfinden — innerlich seelisch vor allem. Wie z. B. die vom oberen Teil des Körpers durch das Blut herangeführte Wärme von den Lungen oder den Kopforganen, sich verbindet mit der aus den unteren Organen, etwa der Leber, aufströmenden Hitze. Was da in das Herz hineinverschwindet, das taucht wie magisch in unserer Seele als ein wirkliches Gefühl auf, das nur der Wärme vergleichbar ist. Bei dieser Überlegung dürfen wir aber nicht vergessen, daß auch der umgekehrte Weg gegangen wird: die in unserer Innenwelt gepflegte Seelenwärme strömt ein in unser Blut, teilt sich den Organen mit, unserem Herzen wohl zuerst, während die von außen herangebrachte Wärme erst zuletzt zum Herzen gelangt.

Das Herz als ein Sinnesorgan zu nehmen, das die feinsten inneren Wärmestrahlungen aus dem Blute aufzufangen hat, verhilft zum Begreifen vieler krankhafter Vorgänge. In der kühlen, berechnenden, schnell ohne viel Gefühl handelnden Seelenhaltung wird von innen her dem Herzen nichts von Wärme zugeführt, die dem Organ entspricht. Man erlaubt ihm gleichsam nie genug Zeit, um die richtige Wärme-Mischung und -Entmischung durchzuempfinden.

Während die von außen herandringende Kälte all die Erkältungskrankheiten hervorruft, die zum größten Teil ihre Schauplätze im Bereich der Organe haben, die mit dem Atmungstrakt zusammenhängen (Rachen-, Nasenhöhle, Kehlkopf, Bronchien und Lungen), hat die vom Seelischen herandringende Kühle und Härte ihren besonderen Einfluß auf das Herz selbst und das strömende Blut. Jedes Tun, aber auch jedes Denken, bei dem sozusagen (nun zuerst im übertragenen Sinne gemeint) das Herz mit seiner Wärme nicht richtig dabei sein kann oder dabei sein will, legt den ersten Keim für ein Erkranken des Herzens oder der Gefäße, die das wärmetragende Blut durchströmt. Die Art von Herzleiden und Gefäßstörungen, die dadurch entstehen, sind in die Ordnung der verhärtenden, sklerotischen Krankheiten des Zirkulationssystems zu reihen. Es sind also Verkrampfungen der Gefäße und Sklerosen, die anginösen Zustände, Angina pectoris, Aortensclerosen, Gefäßkrisen, wie etwa das sogenannte Intermittierende Hinken und ähnliche Erscheinungen gemeint.

In den Kinderjahren kommen solche Störungen selbstredend gar nicht in Betracht. Die dem Kinde innewohnende warme Vitalkraft läßt ja eine innere „Verkühlung" auf die Dauer gar nicht aufkommen. Was ein Kind tut, besonders wenn es einmal über das dritte Jahr hinausgelangt ist, das wird stets begleitet von der aktiven Wärme des Herzens. Die Erziehung und die Umwelt pflegt allerdings die feurigen Gefühlsstürme zu dämpfen und abzukühlen. (Unter Umständen mag dies sogar bis zu einem gewissen Ausmaße berechtigt sein.) Aber für das Wesen des Kindes selbst bleibt die Gefahr einer zu großen Kühlung im Herzen gering: dies geschieht erst, wenn die Umwelt störend eingreift. Mit welcher Begeisterung (also ganz von warmen Gefühlen getragen) unternehmen Kinder ihre Spiele, hören dem verständnisvollen Lehrer zu, klettern auf Bäume, sitzen erwartungsvoll vor dem Vorhang, ehe eine Vorstellung im Theater beginnt. Es gibt alte Leute, die sich sogar wärmend beleben an solchen Erinnerungen ihrer Jugend. Selbst die Erinnerung läßt noch etwas von der Herzenswärme wieder entstehen, die für die Zeit des Alters so außerordentlich wünschenswert erscheint und dem Gesundheitszustand zuträglich ist. Je mehr Seelenwärme und je mehr wirkliche Freude (was wärmt unsere Herzen mehr!) wir in den Erziehungsjahren erleben dürfen, um so mehr Feuer speichern wir organisch und seelisch in uns auf, um uns noch in späten Lebenstagen daran wärmen zu dürfen.

Leider ist der gegenwärtige Berufsmensch gerade den entgegengesetzten Kräften ganz besonders ausgesetzt: er muß hasten, um rechtzeitig zur Arbeitsstelle zu gelangen: er darf keine Zeit in der Fabrik oder im Amte verlieren. Das Maß seiner Arbeit ist genau ausgemessen, und meist so, daß er so viel als möglich in der kürzesten Zeit tun kann. Reichen die gewöhnlichen Stunden nicht mehr aus, so werden „Überstunden“ eingeführt, die wegen der Mehrzahlung sogar geschätzt sind. Das Verhängnisvolle bei all dem bleibt, daß die Arbeit im Grunde genommen nur als Last betrachtet wird; das wärmende Gefühl kann sich im Laufe der Jahre immer weniger daran beteiligen. Kein Wunder, daß die Menschen in ihrem Kreislauf erkranken, an dem „verkühlten“ Herzen, nachdem sie Jahrzehnte ein ungeliebtes Berufsleben geführt haben. Die Gesundheitsstatistiker der meisten Kulturländer fragen immer wieder, warum trotz Krebs und anderer Leiden doch noch die meisten Menschen der Gegenwart Kreislauferkrankungen zum Opfer fallen. Die „Manager-Krankheit“ ist jetzt erst besonders modern geworden. Das ist kein Wunder, wenn man bedenkt, daß das Leben des „Manager“ all den Schädigungen ausgesetzt wird, die vorhin genannt wurden. Dazu kommen noch obendrein gewisse Lebensgewohnheiten, durch die solche Berufs-Leute ihre Herzen noch separat verderben. Es sollen nur wenige genannt werden, aber solche, die einem unmittelbar verständlich machen, wieso die Störung organisch verursacht wird. Hierher gehört z. B. die Sitte — oder soll man lieber sagen die Unsitte? — bei zu vielen Gelegenheiten den beliebten schwarzen Kaffee zu trinken. Er erzeugt eine gewisse Wärme im Herzen, feuert es an — aber gewaltsam, nicht aus dem wirklichen menschlichen Blutumlauf heraus. Und wenn die Kaffeewirkung nachläßt, folgt die erschlaffende Reaktion; dem Herzen, dem inneren Sinnesorgan für die Wärme, wird dadurch diese Kraft des Lebendigen immer wieder geraubt [2]). Anders wirkt das Rauchen. Es kühlt allmählich das Herz aus, indem es eine Verengung der Gefäße verschiedener Organe, und besonders auch des Herzens selbst, hervorruft. Verengte oder verkrampfte Arterien bedeuten aber verminderte Blutzufuhr z. B. in der Niere oder in der Herzmuskulatur. Verringerter Blutzustrom bringt uns weniger Wärme und mit der Zeit bewirkt dieser Vorgang eine Veränderung der Arterien; es entsteht z. B. Gefäßverhärtung und Verkalkung. Warum raucht denn der Manager so viel? Er will alles abreagieren, was in seinem Innern, im Herzen vor allem, zu viel Wärme aufkommen läßt. Er will nur mit berechnender Kühle überlegen, sein Herz soll sich da gar nicht erst einmischen; deshalb ist es, seiner Meinung nach am vorteilhaftesten, es zu unterkühlen. Das gelingt durch ein Gift, wie das Nikotin, verhältnismäßig ein-

---

[2]) Von Balzac hat ein Statistiker berichtet, daß der große Schriftsteller etwa 50 000 Tassen überstarken Kaffe genossen hat. Auf diese Weise hat er die Arbeit an dem Werke der Comédie Humaine in fieberhafter Nachtwache beschleunigt — und sein Herz krank gemacht. Wie Stefan Zweig berichtet, hat Balzac's Freund und Arzt als Todesursache festgestellt: „Ein altes Herzleiden, verschärft durch Nachtarbeit und dem Getränk oder besser Mißbrauch von Kaffee, zu dem er seine Zuflucht nehmen mußte, um das natürliche und menschliche Schlafbedürfnis zu bekämpfen.“ Siehe Stefan Zweig, Balzac, Bermann-Fischer Verlag Stockholm 1946.

fach. Allein nach Jahren rächt sich dieses Eingreifen in die natürliche Funktion des Herzens und begünstigt Krankheiten wie die Angina Pectoris.

Auch ein gewisses Maß von „Überarbeitung" führt häufig zu Störungen im Herzen. Bei dem Zuviel an Arbeit wird ebenfalls dem Herzen ein gewisses Maß von Kälte zugemutet, dem es sehr häufig gar nicht gewachsen ist. Unter der Arbeitslast kann dem Organ von der Seelenseite nicht mehr genügend Wärme zugeführt werden. Die Freude und Befriedigung, oder der Enthusiasmus, die eine wirklich menschenwürdige Arbeit begleiten sollten, werden einfach zugedeckt und erdrückt. Die physischen Folgen zeigen sich ebenfalls an den Störungen des Herzens und der Gefäße.

Um all diesen Veränderungen wenigstens einigermaßen vorzubeugen, müßten die Menschen selbstverständlich manche Gewohnheiten aufgeben, wie sich dies aus den Bemerkungen über Rauchen und Kaffeegenuß von selbst versteht. Aber im Vordergrunde wird doch jene Seeleneigenschaft stehen, zu der der heranwachsende Mensch erzogen werden sollte und zu der sich der Erwachsene ständig erziehen muß, und das ist die Geduld. Gerade weil das Wärmeelement etwas in sich hat, dem man wegen seiner Flüchtigkeit schwer beikommt, benötigen wir in Wirklichkeit jene Eigenschaft der Geduld zur Beherrschung des Wärmesinnes. Eigentlich sollte jeder Wärmestrom, der aus dem Herzen entlassen wird, in Ruhe sein Organ erreichen, dem er zueilt. Dies ist ebenso schwierig, wie es auch schwer gelingt, einem einzelnen Gefühle nachzuhängen, bis es wieder abklingt, ohne es mit einem neu auftauchenden zu vermischen. Wenn z. B. das Mitleid mit einem Menschen in uns wach wird, ist es wohl schwer, längere Zeit dieses Gefühl in uns leben zu lassen. Bald kann sich so etwas wie Liebe hinzugesellen, bald mag aber auch wieder eine Bewunderung für den Betreffenden wach werden oder in manchem steigt zugleich eine tiefe Traurigkeit auf; aber all diese Gefühlswogen überschlagen und vermischen sich, nichts läßt man bis zum Ende verfließen.

Die Übung der Geduld soll dazu führen, alles in Ruhe zu tragen und ablaufen zu lassen. Ein anderer Mensch, selbst wenn er alles nur langatmig erzählt, darf trotzdem mit Aufmerksamkeit angehört werden; freilich nicht nur in äußerer, sondern mit innerer Ruhe — die dem anderen Wärme verleihen kann. Ja das Warten-Können bis es wirklich an der Zeit ist — etwa im Sinne des Goetheschen Märchens —, bringt Harmonie in unseren Wärmestrom: Das stärkt den Wärmesinn, hält ihn lebendig für lange Zeit. Der Erwachsene kann sich durch ein gewisses Rückschauen auf sein Leben oftmals ein Gefühl für die Bedeutung der Geduld verschaffen und sie, durch die Überschau seiner Vergangenheit gestärkt, immer wieder üben. Man nehme z. B. alte Briefe von sich oder solche, die man vor langer Zeit erhalten hat. Wieviel Anregungen sind durch diese oder jene Erlebnisse und Berichte hervorgerufen worden, wie ungeduldig ist man damals gewesen und — so kann man sich jetzt fragen — war es wirklich der Mühe wert, hätte ein stilles Abwarten nicht viel weiter geführt? Umgekehrt wird die Beobachtung gemacht werden können, daß Menschen mit gewissen organischen Veränderungen des Herzens im Sinne der früher angeführten Verhärtungen, außerordentlich ungeduldig werden können. Sie brausen bei jeder Gelegenheit auf. Das Beispiel des „Manager" gehört hierher, wobei noch ein verhängnisvoller Circulus vitiosus zustande kommt: die Lebensanforderungen für diese Menschen sind solche, daß sie durch das notwendige Hasten, das schon an und für sich die Ungeduld heranzieht, ihre Wärme- und Herzorganisation schwächen. Die geschwächte Konstitution bildet aber wieder selbst eine Ursache für das ungeduldige innere Antreiben des Menschen. Was kann empfohlen werden, um Generationen heranzubilden, die mehr Geduld — und weniger Gefäßstörungen haben? In frühester Zeit wird die sorgsame Pflege des Wärmeorganismus notwendig sein, wie dies schon für die ersten Kinderjahre empfohlen wurde. Der Erzieher selbst wird bis zu den mittleren Schulklassen seinen Zöglingen und Schülern ein vorbildliches Maß von Geduld zeigen müssen. In der Zeit, wo die Nachahmung eine so große Rolle spielt, wird ein Kind bis in seine Organe hinein geduldig und richtig von Wärme durchpulst, wenn sich die Umwelt ebenfalls als geduldig erweist. Leider fällt es dem Erwachsenen oft schwer, das Kind in seinen vielen rhythmischen und sehr gesunden Wiederholungen nicht zu stören. Geschieht diese Störung zu häufig, dann wird das Kind ungeduldig, zappelig und fügt dem Wärmesinn Schaden zu.

Je besser der Mensch belehrt wird über seine Umwelt, um so mehr kann er sie verstehen — und vermag ihr geduldig gegenüberzustehen. Die Lebensführung der Gegenwart tut leider alles, um die Ungeduld der Menschen zu nähren. Zu dieser Einsicht gelangt man z. B. leicht beim Besuche der vielen Sportsveranstaltungen, die die Leute mit aller Macht aufpeitschen und in ihnen so ziemlich das Gegenteil davon hervorrufen, was Geduld oder harmonisches Einleben in die Umwelt bedeutet. Man braucht bloß zu beobachten, wie die Zuschauer bei Sportskämpfen in größter Aufregung versuchen, die aktiven Spieler anzufeuern.

Jede übergroße Aufregung zerstört, besonders in jüngeren Jahren, etwas von der Natürlichkeit des Wärmesinnes. Jedes Prüfungssystem in den Schulen, bei dem noch dazu ein beschränktes Zeitausmaß dem Prüfling bestimmt wird, wirkt ganz besonders verderblich auf Kinder und junge Menschen, abgesehen von dem Schädigenden, das in der Methode des „Prüfens" an sich liegt. Verheerend ist der Einfluß, den das Aufstacheln von Ehrgeiz auf die Kinder ausübt. Unter anderem führt dies zu einer Belastung des Wärme-Sinnesorganes, die böse Folgen für viel später zeitigt. Man spricht nicht umsonst von dem „brennenden" Ehrgeiz. Es wird zwar ein Feuer entzündet; aber da es nur eine Wärme entflammt, die bloß egoistisch dem Menschen selbst dienen soll, gestaltet sich die Wirkung zerstörerisch für die Seele und die Organe. Der Mensch erscheint seelisch immer mehr und mehr „ausgebrannt". Impulse werden groß gezogen, die sich verheerend ausleben können. Machtstreben, überwertige Ideen über sich selbst, unsoziales Verhalten im Leben, sind als die häufigen Folgen zu beobachten. So betrachtet, ist der „Wille zur Macht" als eine Art Krankheit der Seele — und auch des Körpers — zu nehmen. Der „Krankheitserreger" ist der Ehrgeiz, der oft gar nicht im Charakter eines Menschen zu liegen braucht, sondern hauptsächlich durch die Erziehung in Schule und

Haus eingeimpft wird. Leider ist das Schulwesen gegenwärtig auf dem Prinzipe des Ehrgeizes aufgebaut; denn das Prüfungssystem führt meist zu nichts anderem als dem Bestreben, wenn möglich der „Erste“ zu sein. Obwohl die Erfahrung die Menschen belehrt hat, daß es meist nicht gerade die „Ersten“ in der Schule und im Hochschul-Studium sind, die uns die wertvollsten Leistungen für die Menschheit gebracht haben, rollt das System im allgemeinen ebenso weiter wie vorher. Die „Auswahl der Tüchtigen“ wird noch immer nach dem Höchstergebnis von Prüfungen und Qualifikationen getroffen und es wird immer noch erstaunt darauf hingewiesen, wenn einer sich trotz verunglückter Prüfungen — oder gar ohne dieselben — als tüchtig und wertvoll erweist! Das sich Durchkämpfen durch Prüfungen wird immer noch als eine Art „Kampf ums Dasein“ im Sinne eines Darwinismus betrachtet, der der Menschheit im Denken das unheilvollste Gift des Materialismus so geschickt und verführerisch als nur möglich eingeimpft hat. Die Idee des Wettbewerbes um einen Preis ist eine Einrichtung, die uns moralisch nur allzu leicht verdirbt, ja im Sportsleben der Gegenwart auch die Köpfe ganz vernünftiger Menschen verdreht. Der Rekordwahnsinn schrickt nicht einen Augenblick davor zurück, das Leben junger, kräftiger Menschen aufs Spiel zu setzen, wenn es gilt z. B. den zuletzt erreichten Geschwindigkeitsrekord im Autorennen zu übertreffen [3]). Natürlich sind nicht nur die ausübenden Sportsleute die Opfer, sondern auch die Zuhörer und Zuschauer. Sie überhitzen sich seelisch und oft auch körperlich. Der Wärmesinn wird überanstrengt und für das Leben geschwächt.

Nach solchen Überlegungen empfindet man es als einen wirklichen Segen, daß in der Pädagogik Rudolf Steiners aller Wert auf die Entfaltung der menschlichen Persönlichkeit ge-

---

[3]) Es kommt da zu so lächerlichen Meldungen wie: „With a time of 1 hr. 44 min. 53 sec. Moss averaged 100.47 m. p. h., which is higher than the previous circuit record“. Eine Zeitung wie „The Observer“ bringt eine solche „wichtige“ Meldung — wichtig, weil sich wohl Tausende dafür interessieren — auf der ersten Seite (London, 6. 5. 1956). („Mit einer Zeit von 1 Stunde 44 Minuten 53 Sekunden hatte Moss eine mittlere Stundengeschwindigkeit von 100,47 Meilen, die höher ist als der vorige Kreislauf-Rekord.“)

legt wird, unter möglichster Vermeidung von allem, was zu Ehrgeiz aufstachelt oder mit Wettbewerb zu tun hat. In einem Schulbetrieb ist dies natürlich nur zu erreichen, wenn alle Methoden des sogenannten „Prüfens" ausgeschaltet werden, wie dies eben in den Rudolf-Steiner-Schulen geschieht. Ein solcher Lehrgang führt dazu, daß den Kindern auch ihr natürlicher Wärmesinn nicht krank gemacht wird. Es ist vielen Leuten aufgefallen und wird immer wieder von ganz objektiver Seite bemerkt, wie Kinder, die durch diese Schulen gehen, eine eigentümliche Eigenschaft ihres Charakters zeigen, die sie vor vielen anderen Schülern auszeichnet: Sie legen meist ein besonders freies, offenes und warmes Wesen an den Tag. Sie haben weniger Schwierigkeiten als Schüler und Absolventen von anderen Schulen, den Menschen und Erscheinungen des Daseins eine innerliche Herzenswärme entgegenzubringen. Solche Urteile können oft von erfahrenen Pädagogen aller Richtungen gehört werden, die z. B. von Staatswegen aufgefordert wurden, die „privaten" Rudolf-Steiner-Schulen zu überprüfen.

Die Folge eines Erziehungsweges, wie er in der Gegenwart durch die Mittel von Prüfungen und Wettbewerb eingeschlagen wird, ist die Ausbildung jener so gerne angeführten Kulturkrankheit, die sich im sogenannten „Minderwertigkeitskomplex" zeigt. Was fördert vor allem die Entwickelung dieser Minderwertigkeitsgefühle in einem Menschen? Wohl vielfach der Umstand, daß er erleben muß, wie andere mehr Examen hinter sich gebracht haben als er selbst, daher zu besseren Stellungen gekommen sind und infolgedessen in der Welt auch höher gewertet werden.

Mancher wird fragen, wie dies alles mit dem Wärmesinn zusammenhängt. Beides, Wille zur Macht und Minderwertigkeitskomplexe, schädigen diesen Sinn. Im gesunden Leben müßte die Wärme in ganz harmonischer Weise und ohne große Reibung oder Stockung ihren Weg vom Physischen durch das Herz als Aufnahmeorgan die Richtung in das Seelische nehmen; ebenso sollte auch in entgegengesetzter Weise die Seelenwärme über das Herz in die Organe des Leibes hineingeführt werden. Das leicht beschwingte Hinüber und

Herüber von Lebensvorgängen in Seele und Körper wird aber gehemmt, sobald die Wärmevorgänge nicht mehr richtig funktionieren. Das können sie aber gar nicht, wenn der Wärmesinn durch die Erziehung in der Schule, zu Hause und in der ganzen Kulturwelt der heutigen Zeit verdorben wird. Allerdings erfordert es auch eine andere Art des Denkens, um dies einzusehen, sonst wird man kaum zugeben wollen, daß z. B. das Forschen und Lernen aus Begeisterung für einen Gegenstand im Menschen Wärme entzünden kann, die dem Körper neue Kraft und Ausdauer bringt. Der Wärmesinn jubiliert in solchen Fällen, wenn dieser Ausdruck gebraucht werden darf. Aber das zähe Lernen für einen Prüfungsgegenstand, der von einer Schule oder Hochschule verlangt wird, löscht meist allen inneren Enthusiasmus aus, macht das Herz kalt und krampft es zusammen, besonders wenn noch die so häufige Prüfungsangst hinzutritt; die freie Zirkulation zwischen körperlichem Organ und der fühlenden Seele wird unterbrochen. Die Schwierigkeit im Erkennen dieser Gefahren für die Menschen liegt darin, daß im allgemeinen die Folgen der erlittenen Schädigungen erst später organisch in Erscheinung treten. Viele Jahre liegen zwischen dem erlittenen Schock oder Trauma und dem Erlöschen des Wärmesinnes, dem Erkalten des Herzens und der Sklerose, die sich in einem Organ kundgibt. Das allmähliche Ertöten des Wärmesinnes im Lebensprozeß der heutigen Kultur führt letzten Endes dazu, daß die Menschen, die aus irgend einem Grunde der Krebskrankkeit nicht zum Opfer fallen, meistens an einer Erkrankung des Herzens zu Grunde gehen [4]).

Nach einer solchen Erkenntnis wird man sich fragen, was kann denn der einzelne Mensch von sich aus tun, um den verheerenden Folgen, die geschildert wurden, entgegenzuarbeiten. In der Seele kann vor allem versucht werden — wie bereits angedeutet —, immer mehr und mehr jene besondere

---

[4]) Hier sei nur in einer Anmerkung daran erinnert, daß Rudolf Steiner für die Behandlung der Krebsgeschwulst immer wieder darauf hinwies, man müsse es erreichen, das Carcinom durch ein Heilmittel wie mit einem Wärmemantel zu umhüllen.

Eigenschaft der wahren inneren Geduld zu entwickeln, so schwer dies auch in unserer Zeit sein mag.

Geduld erlernen kann ein Erwachsener, wenn er sich im Laufe des Lebens gewöhnt, mit voller Objektivität die meist vorhandenen verschiedenen Meinungen abzuwägen, die sich im Zusammentreffen von Menschen kund tun. Die gleiche Sachlichkeit soll er auch bei kleinen und großen Geschehnissen an den Tag legen. Einfache Beispiele aus dem Alltag können dies am besten beleuchten. Ein Autofahrer fährt gemächlich auf der Straße. Hinter ihm kommt ein anderer Wagen gefahren. Da im selben Augenblicke von der Gegenseite auch ein Automobil heranfährt, muß der zweite Fahrer etwas verlangsamen und warten, ehe er überholen kann. Ist der zweite Fahrer ein Schüler im Erwerben von Geduld, dann wird er ruhig abwarten bis er vorfahren darf. Vielleicht denkt er sich: Der andere vor mir hat Zeit; möglicherweise erholt er sich, ruht sich von Geschäften aus und will deshalb langsam dahinfahren. Ein ungeduldiger Patron aber wird sofort zappelig werden. Das Blut steigt ihm in den Kopf, daß sich ihm jemand in den Weg stellt; er wird vielleicht irgend einen kurzen Fluch ausrufen und sogar heftig hupen, um seiner Gefühlsstauung Luft zu machen. Im Vorbeifahren, nachdem das Hindernis überwunden ist, wird er vielleicht dem Genießer einer gemütlichen Fahrt noch mit beiden Armen vorwurfsvoll zuwinken. Für unsere Betrachtung ist eine solche Reaktion insofern von großem Interesse, weil der Ungeduldige in sich selbst, im entscheidenden Augenblick, einen Wärmestoß erzeugt. Er trifft mit einer zu großen Hitzewelle, die zunächst mit seiner seelischen Reaktion zusammenhängt, das Herz. Dort kann sich für Momente die Wärme stauen, überflutet nachher andere Organe, wie z. B. den Kopf, und ein Zustand körperlicher Unrast entsteht.

Für das Erwerben der Geduld ist es nötig, den Umständen, in denen ich selbst und in denen der andere Mensch sich befindet, völlig Rechnung zu tragen und vor allem mit Verständnis darauf einzugehen. Steht jemand vor einem Postschalter, bei dem sich schon vier Personen vor ihm anstellen, dann kann er ungeduldig werden, von einem Fuß auf den anderen tanzen und den Postbeamten, der so langsam seine Eintragungen macht, zum Teufel wünschen. Aber es ist auch möglich, die Wartezeit damit auszufüllen, die anderen Menschen zu beobachten, wie jeder im Warten andere Handbewegungen macht, jeder mit einem anderen Finger herumwackelt. Oder man kann sich in den Postbeamten hineindenken, wie er täglich seine acht Stunden hinter dem Schalter sitzen muß, um jedem zu geben, was er verlangt; das ist doch keine so leichte Aufgabe für den Mann, diese Arbeit in Ruhe zu leisten. Unter solchen Gedanken hat man dann wahrscheinlich schon sein Ziel, Marken zu kaufen, erreicht — und geht etwas weiser, ausgeglichen im Wärmehaushalt, und daher auch etwas gesünder, aus dem Postamt fort. — Ein anderer Vorfall:

Eine Kranke beklagt sich an einem Tage, weil sie sich nicht wohl fühlt, fortwährend über irgend etwas: über das Essen, das Bett, die Pflege, die Medikamente. Schließlich „verliert" bei einer Klage die Schwester ihre „Geduld", bekommt volle Augen und schlägt die Türe zu. Wieder sieht man: Hitze im Kopfe, Überfluten von Wärme im Herzen. Hätte sich die Schwester nicht sagen können: läge ich wie diese Kranke im Bette, hätte niemanden in meiner Nähe und müßte immer mit fremden Menschen vorlieb nehmen — was würde ich erst fühlen, was würde ich erst tun und jedem hier sagen! Sich so für Lebensvorgänge im Voraus schulen, lehrt uns Geduld wirklich üben — und sogar mit Überzeugung.

Ein solches Verhalten, wenn es allmählich zur tiefen Lebensgewohnheit geworden ist, hilft, von der Seite unserer Seele, den Wärmesinn kräftig zu machen. Dabei wird sich auch das menschliche Herz immer ausgeglichener fühlen.

Was der Erwachsene durch eigene Willensübung erreichen kann, ist in der Kindheit nur möglich, wenn das Kind den Segen der Geduld an seinen eigenen Erziehern und Lehrern miterlebt. Mütter und Lehrer zu werden dürften sich eigentlich nur Menschen erlauben, die sozusagen selbst durch eine Art Hochschule der Geduld gegangen sind. Alle Erziehung besteht in einem gewissen Sinne nur darin, daß man lernt zu warten, bis es für das Kind „an der Zeit ist", etwas tun zu können oder etwas zu verstehen.

IX.

GEHÖRSINN

Bei dem Gehörorgan des Menschen, soweit die wirklichen Sinneszellen des inneren Ohres in Betracht kommen, hat man das Gefühl, daß es verborgen wie ein wohlbehütetes Juwel im Kopfe ruht. Die Welt der Töne und Geräusche, die durch die wellenbewegte Luft herangebracht wird, offenbart sich durch dieses Sinnesorgan. Trotz der Reichhaltigkeit, die uns die Schwingungen der Lüfte in Form des Hörbaren übermittelt, können wir fühlen, wie allmählich eine feindifferenzierte Auswahl geschaffen wurde unter dem, was wir aufnehmen können. In viel früheren Zeiten muß das Organ umfassender gewesen sein und viel weiter hinausgereicht haben in seiner Aufnahmefähigkeit. Rudolf Steiner erwähnt, wie das Ohr einmal ein ganz universelles Organ war und sich langsam im Laufe der physischen Entwicklung verkleinerte.

Zunächst ist es interessant, dies im Hintergrunde zu haben, wenn an den anatomischen Bau und die Physiologie des Ohres gedacht wird [1]). Schon die Ohrmuschel ist ein Wunderbau. Sie wird zum Abbild des ganzen Menschen. Dies hat der Verfasser schon vor Jahren in aller Ausführlichkeit versucht darzustellen.

Die physiognomische Betrachtung zeigt, wie das menschliche äußere Ohr ganz individuell gebildet ist. So gibt es nicht zwei Menschen, die genau dieselben Formen aufweisen [2]). Nun hat

1) „Da war allerdings das Gehörorgan ein viel, viel komplizierteres noch. Jetzt ist es zusammengeschrumpft. Denn das, was Sie heute als äußeres Gehörorgan haben, was nur bis zu einer gewissen Tiefe in das Gehirn eindringt, das breitete sich von außen nach innen aus über die ganze menschliche Wesenheit" . . . Siehe Rudolf Steiner, „Die Welt der Sinne und die Welt des Geistes". Phil. Anthrop. Verlag Am Goetheanum, Dornach/Schweiz 1933.

2) „Die Formensprache des Gesichtes" von Dr. Norbert Glas, Verlag für Neue Medizin, Weidmann & Co., Wien-Leipzig-Bern, 1935.

man früher der Ohrmuschel selbst für das Hören keine Bedeutung zugeschrieben. Dies dürfte aber, soweit das feinere, nuanciertere Hören in Betracht kommt, gar nicht stimmen. Die Schallwellen werden durch das äußere Ohr aufgefangen, was natürlich schon für die Stärke des Hörens wichtig wird. Dies wurde bei höheren Tieren experimentell nachgewiesen. Katzen, denen das äußere Ohr entfernt wurde, zeigten eine Herabsetzung der Intensität der Schalleitung auf ungefähr die Hälfte. Durch Papiertrichter konnte dies einigermaßen ersetzt werden, aber kein äußeres Hilfsmittel war der natürlichen Ohrmuschel überlegen [3]). Wenn auch die Schallwellen durch die Muschel stärker eingefangen werden, so entsteht außerdem noch eine komplizierte Brechung infolge der zahlreichen Windungen und Vorsprünge. Dies muß aber unbedingt einen wesentlichen Einfluß auch auf das Hören selbst haben. Man bedenke nur, wie sich die sogenannte Akustik eines Saales z. B. verändert, sobald an der Decke oder den Wänden gewisse vorspringende Formen angebracht werden. Es gehörte doch einst zur besonderen Kunst großer Baumeister, Bauten so auszuführen, daß in den Sälen eine solche Brechung des Schalles stattfand, die dem Hörer ein gutes Hören ermöglichte. Man kann sich vorstellen, wie der Mensch gleichsam in einem sogenannten gut akustischen Saale darinnen sitzt, der die beiden Ohrmuscheln als Wandbegrenzungen aufweist.

Die prinzipielle Form des äußeren Ohres ist besonders bemerkenswert; denn es ist, wenn auch dreimal unterbrochen, von derselben Gestaltungskraft gebildet wie das innere Ohr, die sogenannte Schnecke, in der das sinnesempfindliche Organ ruht. Davon wird noch später die Rede sein. Hier sei nur vorerst darauf hingewiesen, daß diese Schnecke eben aus zweieinhalb Windungen gebildet ist. Im Grunde findet sich Ähnliches auch an dem äußeren Ohre: von außen nach innen gehend können wir nämlich ebenfalls zweieinhalb Windungen aufzeigen. Dies kann an der Hand der nebenstehenden Skizze leicht erkannt werden. Eine Windung geht von unten, vom äußeren Rande des Ohrläppchens bogenförmig nach oben und

---

3) Hughson W., Crowe S. J. und Howe H. A. Physiology of the Ear, Acta oto-laryngoli 20 (1934). Von Buddenbrock angeführt.

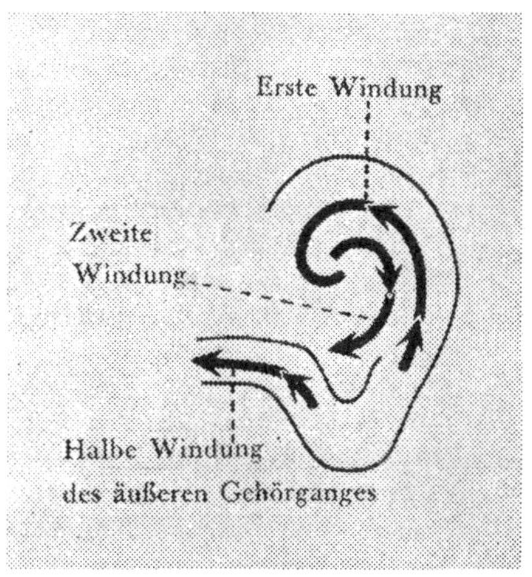

schlingt sich nach innen gegen die Mitte. Die zweite Windung beginnt dann oberhalb davon und schlingt sich nach unten und innen. Die halbe Windung wird horizontal, vom Beginne des Eingangs in den äußeren Gehörgang an, gebildet, und führt leicht spiralig zum Trommelfell. Dies einzusehen ist nicht nur wissenschaftlich interessant, sondern außerordentlich beglükkend, weil wir dadurch loskommen von dem ausgedachten Begriff der Zweckmäßigkeit. Wir können vielmehr von einem viel geistigeren Wirken in der Natur sprechen. Es gibt eben wirklich Formkräfte, die sich mehr und mehr verwandeln, je nachdem sie sich gleichsam in die Materie hineingebären. Dieselbe Kraft, die das äußere Ohr formt, das wohl aus der schwingenden Luft empfangen ist, führt schließlich dort, wo sie zum Höhepunkt und zugleich zum Ende ihrer Gestaltwirkung gelangt, zu der Ausbildung der Ohrschnecke. Aber die Verwandtschaft des äußeren Ohres mit dem inneren ist noch immer zu entdecken.

Wir können den Weg verfolgen, den der Schall, der zunächst durch die Luftwelle sich fortpflanzt, nehmen muß und wir dürfen wohl auch nach der Bedeutung dieser Kompliziertheit fragen, den dieser Pfad besitzt. Nicht nur an den äußeren Muschelwindungen reflektiert sich der Ton, sondern auch im Gehörgang selbst wird z. B. die Schallwelle, infolge des gewundenen Baues zuerst gegen die Wand des Ganges geworfen; sie bricht sich hier und nimmt die Richtung gegen das Trommelfell. Dessen Schwingungen werden infolge der festen Verbindung gedämpft, die die Membran, als welche das Trommelfell aufzufassen ist, mit den drei Gehörknöchelchen des mittleren Ohres besitzt. Die Wellenbewegungen der Luft übertragen sich vorerst auf das Trommelfell. Es wird in solche Schwingungen versetzt, die sowohl der Zahl wie der Weite nach denen der Luft entsprechen. Die Weiterleitung dieser Schwingungen ist ermöglicht durch das feste System der Gehörknöchelchen, Hammer, Amboß und Steigbügel. Das Trommelfell macht zwar ausgiebige Bewegungen, was die Schwingungsweite betrifft, aber sie sind von nur geringer Stärke. Auf das genannte System der Gehörknöchelchen, das mit dem Trommelfell in direkter Verbindung steht, übertragen sich die Luftwellen. Dabei werden die ursprünglich ausgiebigen Bewegungen des Trommelfells gedrosselt. Wegen der Kleinheit des Raumes muß dies notwendigerweise eintreten. Dagegen erhöht sich aber zum Ausgleich die Kraft des Stoßes, mit der die Fußplatte des Steigbügels auf das sogenannte ovale Fenster preßt, um ein Vielfaches. Die Fußplatte ist das innere Ende der Gehörknöchelchenreihe. Das ovale Fenster ist auch eine Membran, die aber nach innen an die Flüssigkeit des Innenohres — der Schnecke — drückt. Nach außen paßt die Fußplatte des Steigbügels in das ovale Fenster und überträgt die Schwingungen auf die Flüssigkeit im häutigen Labyrinth. Die Stärke des Druckes, mit der die Steigbügelplatte auf das ovale Fenster einwirkt, wurde von Bezold und Edelmann genauer berechnet. Es ergab sich das Resultat, daß die Kraft, mit der die Luft das Trommelfell eindrückt, 778mal kleiner ist, als mit der die Fußplatte auf die Membran des ovalen Fensters preßt. Diese Tatsache ist aus folgendem Grunde frappierend: Das Medium, in dem das Trommelfell schwingt, ist die Luft. Das Medium, auf welches die Schwingungen hinter dem ovalen Fenster übertragen werden, ist die

Flüssigkeit im inneren Ohre, die sogenannte Endolymphe. Nun zeigt sich bei der Berechnung der Dichte dieses Mediums, daß die Flüssigkeit circa 774mal dichter als die Luft ist. Daher bleibt also der Charakter der Schwingungen vom Trommelfell bis in die schwingende Endolymphe hinein doch fast unverändert in seiner Stärke. Auf diese Weise ist also alles eingerichtet und ausbalanciert, um die Verbindung von außen nach innen möglichst ungestört zu ermöglichen. Dies gilt innerhalb gewisser Grenzen. Für die Einhaltung derselben sorgen zwei Muskeln. Dadurch werden zu große Schallreize ausgeschaltet oder zumindest gedämpft. Bei zu großer Lichteinwirkung schließen wir mehr oder weniger bewußt unsere Lieder; im Ohre aber arbeiten die beiden Muskeln ganz reflektorisch, also ohne Beeinflussung durch unser Bewußtsein, um eine Dämpfung des Schalles zu bewirken. Dies geschieht dadurch, daß durch die Anspannung des einen Muskels (Musculus tensoris tympani) das Trommelfell angespannt, durch die Anspannung des zweiten (Musculus stapedius) die Steigbügelplatte fester in das ovale Fenster gepreßt wird. Diese Versteifung des ganzen Systems zwischen Trommelfell und Membran des ovalen Fensters bewirkt eine Verminderung zu großer Schallstärke. Diese zwei Muskeln sind gleichsam die sorgsamen Wächter und Schützer des inneren Ohres, das durch zu große Erschütterungen geschädigt wird.

Vom ovalen Fenster werden die Schwingungen von der dort befindlichen Membran auf die Flüssigkeit im inneren Ohre übertragen. Ohne auf zu große Einzelheiten einzugehen, sei nur auf den Hauptstrom der Schwingungen hingewiesen, die sich durch die sogenannte Schnecke fortpflanzen. Die zweieinhalb Windungen sind der Länge nach abgeteilt, so daß gewissermaßen fünf Windungen (zweimal zweieinhalb) entstehen müssen. Der Zugang vom ovalen Fenster führt zur großen äußeren Windung der Schnecke, und zwar zur oberen Unterteilung. Auf diese Weise wird der Schwingungsstoß in den ersten, zweiten und schließlich halben Kreis der Schnecke geleitet. Die Vibrationen übertragen sich vor allem auf die basilare Membran, ein feines Häutchen, das zwischen den beiden Abteilungen der Schnecke ausgespannt ist. Die Bewegungen pflanzen sich auf kleine Zellen fort, die nach unten zu auf der Membran aufruhen, nach oben aber mit feinsten Härchen hinaufragen. Die Schwingungen dieser zarten Haare teilen sich einer anderen kleinen Membran (Membrana Corti) mit. Hier sei auf keine Theorien des Hörens selbst eingegangen; weder auf die von Helmholtz, die sogenannte Resonanztheorie, durch die das Organ wie ein Klavier funktionieren soll — noch auf jene von Wilkinson, der betont, daß diese feinsten Fasern unter ganz speziellen Bedingungen erzittern, weshalb die Analogie mit einem Klavier gar nicht in Betracht kommt. Uns interessiert vor allem die Tatsache, wie der äußere Wellenschlag der Luft immer feiner und bis in das Kleinste sich fortpflanzt. An der Schneckenspindel ist der Übergang aus der oberen in die untere Unterteilung der Windungen möglich. Die Schwingungen gehen daher wieder von der halben kleinen zu der zweiten und schließlich ersten kreisförmigen Windung der Schnecke, landen bei der unteren Unterabteilung, und können die andere Membran des inneren Ohres an dem sogenannten runden Fenster vorstoßen. Hier gelangt also der Schwingungsdruck umgekehrt, d. h. von der Flüssigkeitsseite des inneren Ohres, an die Luftseite der sogenannten Paukenhöhle, die die Luft, welche zum jeweiligen Austausch des Druckes notwendig ist, durch die Ohrtrompete (Eustachische Röhre) zugeführt erhält.

In der Schnecke selbst befinden sich die eigentlichen Sinneszellen für das Hören, deren Erregung durch die in Schwingung versetzte Endolymphe bewirkt wird.

Um etwas Wesentliches des Gehörsinnes zu erfassen, muß man schon auch den Weg gegenwärtig haben, den der Schall in uns nimmt. Und dies ist der Grund, warum hier zusammenfassend, und so einfach als möglich, beschrieben wurde, was aus jeder Anatomie und Physiologie abgelesen werden kann.

Beim Gehörgang ist es möglich, die Empfindung zu haben, als ob jeder Mensch wie im Zentrum eines großen gewölbten Raumes ruht, der von Tönen und Geräuschen erfüllt ist. Unser Hören kommt gleichsam so zustande, daß durch den speziellen Bau dieser Sinnesorgane die Töne und Geräusche der uns umgebenden Welt gleichsam in uns hineingesogen werden.

(Es ist natürlich nicht gemeint, daß dies physikalisch tatsächlich nachweisbar wäre.) Erleichtert wird diese Vorstellung noch dadurch, daß die Wellenströme in immer kleiner werdende Gebilde des Ohres gedrängt werden. Dieses wird von außen nach innen nicht nur immer enger und schmäler, sondern hat in seinem Bau die spiralige Tendenz; daher werden Luft- und Flüssigkeitswellen in einen eigentümlichen spiralischen Gang gelenkt. Dies nimmt seinen Anfang schon an der äußeren Ohrmuschel, wie dies früher gezeigt wurde, macht sich einigermaßen an dem Trommelfell bemerkbar, das selbst nach innen eingezogen ist, und zwar nicht genau in der Mitte, sondern etwas nach unten. Außerdem hat diese Membran keine runde, sondern eine elliptische Form. Die auf diese Weise „hineingedrehten" Schwingungen der Luft werden schließlich noch einmal in die Schnecke bis zur Kuppe der Spindel eingerollt, um schließlich beim Auslaufen gegen das runde Fenster einen sich auswickelnden Spiralgang zu durchlaufen. Rudolf Steiner weist wiederholt darauf hin, wie der spiralige Gang etwas ist, das den Gestirnen eigen ist. Nach ihm ist der Sonnenlauf eigentlich auch spiralig gewunden. Was sich in der „Spiraltendenz" der Pflanze bemerkbar macht, ist ein Einfluß, der aus dem Bereich der Gestirne herrührt. Schon Goethe hat sich bekanntlich sehr für die Spiraltendenz der Pflanzen bis in sein hohes Alter hinein interessiert. Jedenfalls bedeutete für ihn das Spiralige etwas, das aus einer überirdischen Kraft stammt, die dem Fruchtbar-Lebendigen verwandt ist. Daher verbindet er auch die Neigung der Pflanze zur Spirale mit dem weiblichen Prinzipe in ihr.

Wichtig für die hier angestellten Betrachtungen ist die Tatsache, daß in dem eigentlichen Gehörorgan, das sich in der Schnecke befindet, eine Form waltet, die sozusagen weither aus dem Kosmos stammt. Weil dies erreicht ist, kann in uns die Welt tönend werden. Von den Musik-Instrumenten gewinnt man übrigens auch den Eindruck, daß ihre Form keine zufällige ist. Bei den wichtigsten alten Saiteninstrumenten finden sich fast immer Windungen, die richtige Schneckenwindungen sind. So hat z. B. der Geigenkopf meist zweieinhalb bis drei Windungen, genau so wie die sogenannte Cochlea des Gehörorganes. Vom gewöhnlichen menschlichen Standpunkte geschah ein unbegreifliches Wunder, daß in die Schnecke des Ohres, die etwa nicht größer als 5 mm ist, die Auswirkungen der ganzen Klangwelt hineingezwungen werden, um uns hier auf Erden zu Bewußtsein kommen zu können. Ganz logisch — wenn auch vielleicht für unsere Gegenwart ungewöhnlich — kann die Frage auftauchen: Wo gelangen wir eigentlich hin, wenn wir den in der Spirale so winzig klein eingefangenen und eingerollten Ton wieder auswickeln könnten; freilich ginge das nicht physisch, aber durch unsere Seele kann man sich hinausführen lassen in ein weithin tönendes Land. Dann gelangen wir bereits in höhere Regionen des Daseins, in denen der Mensch die Sphärenklänge hören kann. Goethe erfuhr dies und beschreibt das Gewaltige solcher Klänge. Man erlebt sie aber nur, wenn es unserer Seele möglich wird, außerhalb des Leibes zu sein. Da bemerkt sie z. B. „... dieses Herannahen der Sonne als Sphärenmusik, als besonderes Element der Sphärenmusik" [4]). Zweimal erwähnt Goethe dieses Klingen in bezug zur Sonne, im „Prolog im Himmel" im ersten Teil:

„Die Sonne tönt nach alter Weise
In Brudersphären Wettgesang ..."

und dann, im Anfang des zweiten Teiles, vernimmt Faust das Tönen der Sonne:

„Horchet! Horcht dem Sturm der Horen!
Tönend wird für Geistesohren
Schon der neue Tag geboren ..."

Große Musiker sind jene gewesen, die dafür begabt waren, mit ihrer Seele den Weg hinaus zu nehmen in die Region, wo die Sphärenmusik zu Hause ist. Es ist daher wohl verständlich, daß manche dieser genialen Menschen ihre Kompositionen, oder zumindest die Elemente für dieselben, aus dem Schlafe mitgebracht haben; denn im Schlafe geht die Seele hinaus in die Weltenräume, wo einem die Sphärenmusik er-

---

4) Siehe Rudolf Steiner: Geisteswissenschaftliche Erläuterungen zu Goethes Faust. Vortrag 22. 5. 1915. Phil. Anthr. Verlag am Goetheanum 1931. Neuauflage Novalis Verlag Freiburg 1955.

klingen kann. Aber offenbar nur dann, wenn sie diese Klänge bewußt ergreift. Dies muß von innen her geschehen, daß der Musiker imstande ist, seine „Einfälle" festzuhalten. Von Schubert weiß man, wie er viele seiner Kompositionen unmittelbar im Aufwachen in sich hörte und beinahe nicht genügend Zeit fand, um sie auch schnell genug aufzuschreiben. Tartini erlebte seine sogenannte „Teufelstrillersonate" in einem Traum. Von diesem Gesichtspunkte aus betrachtet, beginnt man zu begreifen, wie der große und ganz aus den Sphären-Klängen befruchtete Komponist unter besonderen Umständen auf sein physisches Ohr sogar verzichten muß und dennoch — ja vielleicht gerade deshalb — das Größte in der Musik schafft. Dies war der Fall bei Beethoven, der mit noch gesteigerter Kraft schöpferisch wurde als sein Hörvermögen bereits völlig geschwunden war.

Es kann wohl kaum ein Zweifel darüber herrschen, daß von allen Sinnesorganen das Ohr am allertiefsten mit der menschlichen Seele verbunden ist. Deshalb wird man sich auch nicht verwundern, wenn Rudolf Steiner angibt, daß das Seelische den Menschen in einer Spirale verläßt und in einer Schraubenlinie in den Körper, zum Beispiel nach einem Schlafe, zurückkehrt. Dies ist der Grund für manche Aufwacheträume, in denen man sich manchmal herunterschwebend in einer solchen Spirale erleben kann. Ein großer Maler, Rembrandt, hat ein Bild von eindrucksvoller Stimmung gemalt. Da sitzt ein alter Gelehrter mit verschränkten Händen, die im Schoße ruhen, neben einem Tische, auf dem Bücher und eine aufgeschlagene Schrift liegen. Er scheint in tiefer Meditation zu ruhen. Seine Seele ist wie aus dem engen Gehäuse seines Leibes gelöst und zu höheren Welten aufgestiegen. Das Wunderbare an dem Bilde ist nicht nur der großartige Gegensatz von hell und dunkel, sondern die Wichtigkeit der gewundenen Treppe im Hintergrunde; sie weist mit ihren Windungen auf den Gang, den die Seele genommen hat. Das Bild ist meistens betitelt: „Ein Gelehrter in einem Raume mit einer Wendeltreppe" und ist 1633 gemalt [5]).

[5]) Das Bild hängt in Paris, Louvre.

In der winzig kleinen Schnecke des Innenohres hat die Menschenseele sich ein wahres Sinnbild für ihren bedeutsamen Weg gebildet, den sie aus dem Körper nimmt und auf dem sie wieder in denselben zurückkehrt. Von diesem Gesichtspunkte aus kann auch wieder leichter verstanden werden, daß das Ohr einmal viel größer und gewaltiger, wie eine Hülle der Seele war, aber allmählich geschrumpft ist; dennoch blieb die innige Verwandtschaft mit dem Seelenelemente, sogar bis in die Form hinein, bestehen. Hier hat sich das Sinnesorgan gebildet, das der Seele auch ihr eigenes Reich, das der Musik, auftun kann.

An dieser Stelle darf vielleicht wieder daran erinnert werden, wie an den Sinnesorganen immer eine Erscheinung so frappierend hervortritt; zuerst hat man den Pfad, der physisch in einem bestimmten Vehikel zurückgelegt werden muß; also man nehme das Flüssige, z. B. das für den Geschmacksinn notwendig ist, oder das Luftförmige, das für Geruch und Gehör eigentümlich ist, oder das Wärmehafte, das mit dem Wärmesinn zusammenhängt. Außerhalb oder innerhalb des Menschen schreibt sich das Wesentliche in dem entsprechenden Elemente wie Luft oder Flüssigkeit ein; das Element nimmt seine Bahn, die meist ganz genau bis an den innersten Endpunkt des Sinnesorganes vorbestimmt ist. Dann entschwindet einem aber plötzlich das Körperliche, es taucht unter in den Kräften des Lebendigen. Dort wirkt das Bereich der Bilde- oder Ätherkräfte im Sinne Rudolf Steiners. Dieser Augenblick des physischen Verschwindens bleibt unserem gewöhnlichen Bewußtsein verborgen. Es ereignet sich etwas wie ein magisches Auslöschen der Körperwelt, aber im nächsten Augenblicke vollzieht sich dann ein ebenso magisches Wieder-Erscheinen in unserer Seele. Im vorangehenden Kapitel konnte darauf hingewiesen werden, wie sich dies bei der Wärme abspielt. In besonders wunderbarer Weise offenbart sich dieses Phänomen auch in den Tönen, die an uns herandringen. Es würde den Rahmen der hier beabsichtigten Betrachtung übersteigen, auf die große Frage nach der Musik wirklich einzugehen. Aber jeder Mensch, der eine Empfindung für Musik hat, wird es immer wieder und wieder erlebt haben, wie irgend ein Gesang, ein Thema, eine Passage, an sein Ohr geklungen hat und im nächsten Augenblick, nachdem die Klänge ausgeschwungen haben und versunken sind, taucht auf einmal in der Seele auf, was die Musik uns vermitteln kann. Das vollzieht sich eigentlich in einer unglaublichen Geschwindigkeit und beim musikalischen Erleben ununterbrochen; denn zunächst spielt sich das Tönen fortwährend in der Zeit ab, und wenn die Seele den Inhalt auffängt, so darf das Zeitliche für das Überspringen aus dem Sinnesorgan in das Seelenelement fast keine Rolle spielen. Wollte man aus der Erinnerung feststellen— und die meisten Menschen werden dies nicht in dem Momente selbst, sondern erst hinterher, erinnernd, nacherleben können —in welchem Teile des menschlichen Organismus die seelische Reaktion auf die Musik erlebt wird, so ist folgendes darauf zu sagen: die hier gemeinte Wirkung wird mehr im mittleren Menschen gespürt; meistens ist es nicht einmal das Herz selbst, sondern die Gegend in der oberen Region der Brust gegen Hals und Kehlkopf zu. Es mag etwas gewagt erscheinen, solche Angaben zu machen, weil vielleicht nicht alle Menschen dies von sich aus bestätigen können. Ein Grund dafür liegt wahrscheinlich darin, daß diese Lokalisation schon nicht mehr gewöhnlich körperlich genommen werden sollte; denn gefühlt wird dieses Erleben kaum innerhalb der Brust, des Kehlkopfes oder des Halses selbst, sondern eher außerhalb, wie vorne im Bogen der genannten Gegend.

Wie sich dieses Wechselspiel zwischen Sinnesorgan und Seele vollzieht, kann vielleicht verstanden werden, wenn man nochmals auf den ganzen Weg zurückblickt, den der Schall nehmen muß. Wahrscheinlich ist es so, daß der Sprung der physischen Wellenwirkung in das unsichtbare Ätherwirken dann eintreten kann, wenn die Bewegung auf dem Wege von außen nach innen die in der Schnecke befindlichen Sinneszellen trifft. Von dort taucht also z. B. das Musikalische in das Seelische unter. Es wird in der früher genannten Gegend und in der beschriebenen Art um Brust, Hals und Kehlkopf empfunden.

Zwei Prozesse müssen allerdings ihre weitere Berücksichtigung erfahren, weil sie besondere Bedeutung haben. Der eine Vorgang läuft in dem direkten Nervenweg ab, der von den Sinneszellen in das Gehirn zieht. Der ermöglicht, daß der physische Vorgang sich im Gehirn, in den entsprechenden Gehör-Zentren spiegelt. Dies ist der eine physische Prozeß. Der zweite besteht in dem schon erwähnten Wellenrückschlag oder Wellenauslauf an der unteren Treppe der Schneckenwindung; es ist die Stelle, wo das runde Fenster liegt. Von hier aus verliert sich der Wellenstoß in der Luft der Paukenhöhle, die sich als die sogenannte Ohrtrompete oder Eustachische Röhre nach außen gegen den Rachen öffnet. Allerdings geschieht dieses Öffnen meist nur dann, wenn wir eine bewußte oder unbewußte Schluckbewegung vollziehen. Dieser zweite Weg ist ein sehr interessanter Hinweis für die ganze Art, wie das von uns Gehörte aufgenommen wird.

Einerseits können wir uns den Tönen ganz hingeben und sie völlig in die Seele eingehen lassen. Auf diese Weise folgen wir dem physischen Schall und seinem Verschwinden in jene Seelenregionen, in denen er uns immer größer und mächtiger erscheint. Er nimmt nun den Weg hinaus und reicht an die geistige Welt, wo das Erklingen in dem Sphärenreiche selbst erlebt wird. Auch dies tritt für gewöhnlich nicht in unser Bewußtsein, wird eher in einer mehr träumerischen Stimmung erfahren, besonders wenn man innig auf eine entsprechende Musik hinhorcht. Dabei sollte sich der Mensch selbst möglichst vergessen.

Andererseits geschieht es aber ebenso häufig, daß jemand sehr intensiv der Rückstauung des Wellenschlages nachfolgt. Selbstredend vollzieht sich dieses auch nicht wirklich bewußt. Was ist aber die Folge davon, wenn der Mensch dieser Straße nachfolgt? Er landet da in dem Luftbereich, das zur Eustachischen Röhre führt und verbindet sich mit der Region unseres Rachens, innerhalb der wir selbst Klänge, Töne, Gesang und Sprache erzeugen dürfen. Auf diese Weise sieht man ein, warum wir so häufig auf die Wahrnehmung von Lauten, Geräuschen oder Musik unmittelbar mit den Organen antworten, die Sprache und Gesang in Bewegung setzen. Auf die tiefere Bedeutung dieser Erscheinung wird noch besonders zurückzukommen sein. Hier soll bloß darauf aufmerksam gemacht werden, wie der nachfolgende Zusammenhang zu verstehen ist, den Rudolf Steiner entwicklungsgeschichtlich öfters betont hat: daß nämlich in ganz alten Zeiten — wo der Leib noch viel weicher und bildsamer gewesen ist — Sprach- und Gesangsorganismus mit dem Gehörorgan eine Einheit bildete.

Bei der Fledermaus ist diese unmittelbare Zusammenarbeit zwischen Kehlkopf und Ohr ganz besonders interessant. Die Fledermaus, die einen sehr schlecht funktionierenden Gesichtssinn hat, besitzt ein fast unbegreiflich feines Gehörorgan, das sie befähigt, mit vollkommener Sicherheit im Dunkeln zu fliegen und zu jagen. Ihr Kehlkopf sendet nämlich im Fluge einen Ultraschall aus, und zwar rhythmisch, und die Fledermaus orientiert sich durch den von den verschiedenen Objekten reflektierten Schall.

In bezug auf das Gehörerlebnis ist noch eine wesentliche Ergänzung zu machen. Wenn vorher von der Musik behauptet wurde, sie werde unter Umständen in der Umgebung des mittleren Menschen, heraufsteigend bis gegen die Halsgegend, gespürt, so bezieht sich dies vor allem auf zwei Elemente des Musikalischen; nämlich auf den harmonischen und den melodischen Anteil eines Stückes, das wir anhören. Durchaus anders verhält es sich mit dem Rhythmus der Musik, oder irgend einem anderen Rhtyhmus, der durch die hörbare Welt an uns heranklingt. Dieser pflanzt sich von der Region unseres Herzens schnell seitwärts und abwärts gegen unsere Gliedmaßen fort. Das verrät sich leicht in der Wirkung, die eine Tanzmusik auf uns ausübt. — Diesbezüglich erscheint es sehr bemerkenswert, daß manche Insekten wie Grillen oder Heuschrecken ihr Gehörorgan gar nicht im Kopfe, sondern an den Vorderbeinen haben. Bei solchen Tieren scheint das rhythmische Element beim Hören besonders im Vordergrunde zu stehen. Dies läßt schon das Wettzirpen von Grillen erkennen.

Eine Frage taucht natürlich auch bei den Ohren auf: worin liegt die Bedeutung, daß wir zwei Ohren besitzen, mit denen wir gewöhnlich hören? Dabei kommt etwas in Betracht, das ähnlich zu werten ist, wie das Zusammenwirken beider Augen. Für die Sehorgane wurde gezeigt, wie durch das Zusammenarbeiten das räumliche Sehen ermöglicht wird. Durch die gleichzeitige Funktion der beiden Ohren können wir beurteilen, aus welcher Raumesrichtung der Schall kommt. Man macht die Erfahrung, daß beim genauen Hinhorchen auf einen Laut der Kopf meist so lange gedreht wird, bis die Schallrichtung genau in der Mitte zwischen dem linken und rechten Ohre liegt. Dadurch wird nämlich erreicht, daß beide Ohren die gleiche Stärke des Tones empfangen, wenn sie gesund sind. Eine weitere Tatsache erscheint noch sehr interessant: bei ungleich hörenden Ohren tritt kaum eine Störung im Aufnehmen von Worten oder Klängen ein — es wird also nicht etwa doppelt gehört; dagegen täuscht man sich sehr stark über die Richtung, aus der ein Ton herankommt. Bemerkenswert ist es aber jedenfalls, daß auch beim Gehör — wie bei den Augen — eine enge Beziehung der doppelten und symmetrischen Ausbildung dieser Sinnesorgane zu dem Raumeserlebnis vorliegt. Bei den Ohren fügt es sich noch, daß sie anatomisch so nahe beim Gleichgewichtsorgan liegen.

Bau und Funktion der Ohren stellen ein bewundernswertes Produkt einer ordnenden und zügelnden Kraft dar. Da ist wirklich alles unter größter Kontrolle, alles zielsicher gerichtet und zusammengehalten, bis es zuletzt, ganz durchfiltriert, freie Bahn in die Seele finden kann.

Gerade diese Kunde, die uns Rudolf Steiner vom Ohre durch geisteswissenschaftliche Forschung gibt, daß es einst ein so mächtiges Organ gewesen sei, das den ganzen Menschen erfüllte, läßt uns vieles leichter erahnen; wie da z. B. allmählich eine alte Kraft sich ein physisches Gebilde heranbändigte, das beim langsamen Schrumpfen in feinster Weise ausziseliert worden ist. Nur so konnte es das feine Instrument und Ausdrucksmittel eines Seelischen werden. Ähnlich wie — aber in einer viel gröberen Form — die altitalienische Geige von ihren Meistern gebildet, bestückt und nach alten Geheimnissen vervollkommnet worden ist, bis sie fähig war, das ideale Gehäuse für jeden Ton zu sein, den ein Künstler ausdrücken wollte.

Nach dem bereits Angeführten wird es begreiflich, daß für die Entwicklung großer Musiker eine besondere Ausbildung des Ohres notwendig ist, um ihre Werke hervorzubringen.

Da leuchtet es auch wieder ein, wie gerade in dem Falle der Musiker die Vererbung bis zu einem gewissen Grade immer wieder hineinspielt; denn der Musiker braucht, wenn möglich, ein bis in das Physische so vollkommen als nur erreichbar ausgebildetes Ohr. Die Musikerindividualität sucht sich daher sehr oft Vorfahren aus, in denen das Gehörorgan bereits eine bestimmte Vollkommenheit besitzt; die Persönlichkeit vermag an dem schon vorhandenen vollkommenen Vorbilde von Voreltern ein ihr passendes Ohr leichter zu modellieren. Rudolf Steiner hat in diesem Zusammenhang wiederholt die vielen Musiker-Vor- und Nachfahren von Johann Sebastian Bach genannt.

Die geordnete Strenge des ganzen Weges, der durchlaufen wird, ehe das Wesen des Tones wirklich in den Seelenmenschen überspringen darf, führt leicht zu der Frage: was muß geschehen, wenn das letzte Auslaufen des Klanges doch nicht voll erlebt werden kann; auf was gleitet in einem solchen Fall unsere Aufmerksamkeit? Sie wird dem physischen Wellenauslauf zu stark nachfolgen, nämlich dahin, wo die Schwingungen der inneren Labyrinth-Flüssigkeit, also der Endolymphe, wieder nach außen gegen das runde Fenster stoßen. Was in die Luft der Paukenhöhle hineinspielt, findet sein letztes Ende beim Öffnen der Ohrtrompete (der Eustachischen Röhre) im Raume von Kehlkopf und Rachen. Damit kommen wir bis in das Anatomisch-Physiologische der Aufgabe schon näher, die das Hören an uns stellt, damit es nicht gestört wird. Wir haben nämlich in unserer Seele dem Gehör gegenüber eine wichtige Kontrolle zu üben: eine gewisse Behütung der vorschnellen Zunge. Man muß eben aufpassen lernen, dem Gehörsinn richtig so weit zu folgen, bis der magische Strom unsere Seele trifft, ohne dem Endpunkt der Schallwellen jenseits des runden Fensters zuzueilen, um auf das Vernommene sofort mit der Zunge zu erwidern. Auf das Im-Zaume-Halten der Zunge, als eine bewußte Kontrolle unserer Seele, — kommt es im Ablauf unseres Hörprozesses an. Das alltägliche Leben zeigt dies einfach. Wer z. B. ein Musikstück hört, wirklich so in sich aufnimmt, daß es sein Innerstes berührt, ist außerstande, beim letzten Ton gleich „prachtvoll“ hinauszurufen.

Nur der oberflächlich Zuhörende wird unmittelbar nachher seine Zunge laufen lassen. Dieses triviale Beispiel illustriert mehr im Groben, was wirklich gemeint ist mit einer Kontrolle der Zunge. Wir sollten mehr und mehr lernen, zuerst ausklingen zu lassen, was durch das Gehör an uns heranklingt. Eine derartige Haltung ermöglicht eine besonders gesunde Entwicklung des Gehörsinns für das spätere Leben. Das zu schnelle Reagieren mit Zunge und Kehlkopf auf das Gehörte ist physisch — und selbstverständlich auch seelisch — von Schaden für den Menschen.

Ehe an die in unserer Zeit so verheerenden Einflüsse auf das Ohr erinnert wird, sei noch auf eine andere Art des Ausschwingens gehörter Musik oder Sprache aufmerksam gemacht. Am verständlichsten wird es sein, dies zu erklären, wenn man sich nochmals klar macht, daß einerseits das Tönen richtig von der Seele aufgesogen wird und wie aber andererseits gleichzeitig ein physischer Wellengang die Luft vom runden Fenster an in die Richtung von Rachen und Kehlkopf bewegt. Letzteres kann, wie auseinandergesetzt, zu einer überschnellen Reaktion der Sprech- und Singorgane führen. Nun liegt aber zwischen diesen beiden Vorgängen (dem seelischen und dem physischen) noch ein dritter, der wenig bewußt wird; und dieser Vorgang ist eine Art feinen Mitschwingens des Gehörten in der Region unserer Stimmorgane. Das vollzieht sich aber nun in den ganz feinen Lebensvorgängen in uns, in dem von Rudolf Steiner als Ätherleib bezeichneten Kräfteleib. Was sich hier im Gebiete unseres Kehlkopfes abspielt, wurde von Rudolf Steiner künstlerisch sichtbar gemacht. Damit schuf er die so wichtige „Eurythmie". In einer Bewegungskunst bringt sie die hinter Sprache und Ton verborgenen Bildekräfte zur Anschauung. Die Eurythmie verbindet, in den Lehrplan der Schulen richtig aufgenommen, bei den Kindern den ganzen Organismus mit der form- und lebenspenden Kraft der aufgenommenen Sprache und Musik. Kein Wunder, daß daher die Eurythmie im Leiblichen zur Stärkung des Gehörsinnes werden muß, im Seelischen aber zur Fähigkeit einer Zügelung der Zunge in der Weise, wie dies früher angedeutet wurde.

Die „Kontrolle" der Zunge ist eine Eigenschaft, die sich im

Menschen erst allmählich entwickelt. In der frühesten Kindheit muß zuerst gerade die „Lösung“ der Zunge stattfinden. Dies geschieht beim Erlernen der Sprache, besonders unter dem Einfluß des Hörens. Die Sprachfähigkeit wird bekanntlich vor allem durch die Nachahmung des Gehörten erworben. In der ersten Kindheitsperiode ist dies, unter anderem, wahrscheinlich auch deshalb so gut möglich, weil in jener Zeit die ganz innige Verbindung zwischen Sprach- und Gehörorganen viel unmittelbarer besteht als später. Offenbar spielt die alte organische Erinnerung an die Entwicklung der Menschheit, als Ohr und Kehlkopf noch mehr zusammenhingen, viel stärker herein als in den späteren Lebensjahren. Jedes kleine Kind wird vom Gehörten aus dazu angeregt, mit seiner Zunge unmittelbar den vernommenen Laut nachzuahmen. Dieser Vorgang gehört mit zu der Einkörperung der Seele. Solange sich diese Inkarnation besonders lebhaft vollziehen muß, wie in den ersten sieben Jahren, wird es für ein Kind besonders wichtig sein, eine gute volltönende Sprache zu hören. Aus dem Klange gewinnt es die Fähigkeit, mit den Sprechwerkzeugen das Vorgesprochene oder Gesungene unmittelbar zu wiederholen. Nachdem ein Kind in der ersten Siebenjahrepoche aus der Nachahmung das richtige Sprechen erlernt hat, muß es in der darauf folgenden Schulzeit allmählich immer mehr dazu gebracht werden, auf seine Umgebung hinzuhorchen, ohne sofort nur wie reflektorisch zu erwidern und seine Zunge laufen zu lassen, wie sie will. Unendlich viel hängt davon ab, ob der Lehrer imstande ist, die „Zügelung“ der Zunge bei seinen Schülern dadurch zu entwickeln, daß er sie dazu willig macht, ihm wirklich zuhören zu wollen. Gelingt es ihm, daß die Kinder bei Erzählungen förmlich an seinen Lippen hängen, so hat er schon eine Grundlage für ihr rechtes Hinhorchen erreicht. Dies stärkt aber den Gehörsinn auch für viel später.

In dem erwünschten Gleichgewichtszustande zwischen Hören und Erwidern kommt es, ganz begreiflicherweise, um die Zeit der Pubertät wieder häufig zu einer Störung. Es tritt im Leben des jungen Menschen der Augenblick ein, wo die Seele sich allmählich wieder von den Fesseln des Leibes zu befreien beginnt. Nun wird nicht mehr viel aus der Nachahmung gelernt. Man versucht selbständig im Urteil zu sein und lehnt sogar besonders gerne ab, was andere sagen. Um die Reifezeit und in den ersten Jahren nachher beobachtet man sehr oft eine Art selbstverständlichen Widerspruches gegen Gehörtes, das in manchen Fällen wie automatisch in die argumentbereite Zunge hineinschießt. Eine andere Eigentümlichkeit dieser jungen Menschen geht manchmal dahin, sich in geschwätzigen Reden zu verlieren. Die Sätze sprudeln wie ein Wasserfall. Auch dabei merkt man nichts von einer schon wirkenden Zungenkontrolle. Der Zustand ist mit der Pubertät verknüpft. Gewinnt die Seele nicht in der rechten Weise die Möglichkeit, sich aus den körperlichen Banden loszumachen, so verfällt sie zunächst sehr stark gerade in den Bann der physiologischen Vorgänge dieser Zeit. Die halbwüchsigen Mädchen besonders, aber auch die Jungen, sind so interessiert an sich selbst, daß sie sich gar zu gerne selbst reden hören — aber bloß um des Redens willen. Dies verliert sich meist wieder zu Anfang der zwanziger Jahre; nachher wird dann der Mensch immer mehr imstande sein, sich zu der Harmonie zwischen Zuhören und Antworten bewußt zu erziehen. Eine Vernachlässigung der Zungenkontrolle führt zu Folgen, die wir alltäglich beobachten können. Überall, wo die Menschen sich treffen, um nur andere zu bereden, laufen ihre Zungen wie von selbst. Sie übersprudeln sich nur so in ihren Antworten. Schwatzhaftigkeit wird auch bei Erwachsenen unter Umständen eine große Gefahr, die mit dem Mangel an richtigem Zuhören-Können zu tun hat. Frauen neigen bald nach ihrem fünfunddreißigsten Jahre leicht dazu und müßten, wenn möglich, bis gegen vierzig so weit sein, diese Neigung zu beherrschen. Wenn der Zeitpunkt beginnt, wo die Frau ihre natürliche Anmut und Anziehungskraft verliert, spürt sie diese Tatsache des Entschwindens ihrer Schönheit sehr schmerzlich. Äußerlich versucht sie dies durch eine Art von Reden auszugleichen. Sie meint nämlich, daß sie mit ihrem ungezügelten Wortschwall ersetzen kann, was sie von Natur aus an Liebreiz verliert. Auch hier liegt ein Versinken in die mehr körperliche Seite im Wechselspiel zwischen Hören und Sprechen vor. Wenn solche Frauen ihre Schwäche nicht bald in dem Momente des Auftretens zu beherrschen lernen, wird es ihnen im Verlaufe des Lebens oft gar nicht mehr möglich, diese Schwatzsucht loszuwerden. Auch im Alter bildet sich die Gefahr einer Geschwätzigkeit aus, die zum Teil deshalb entsteht, weil z. B. irgendein gesprochener Satz sofort an etwas aus dem Leben des Alten erinnert — und das will die Zunge sofort aussprechen. Da aber im Alter sehr schnell wieder vergessen wird, was bereits gesagt wurde, kommt es zu den so ermüdenden Wiederholungen.

Es ist im Sinne dessen, was bisher vorgebracht wurde, verständlich, daß die Gefahr der Schwatzhaftigkeit, der Unbeherrschtheit der Zunge gefördert werden muß, wenn der Klang, den der Mensch vernimmt, kein seelenhaftes Element enthält. Höre ich z. B. einen großen Künstler spielen oder singen, dann scheint es eigentlich ganz einfach — wenn jemand nur einigermaßen musikalisch veranlagt ist — das Gehörte mit der Seele aufzunehmen. Der Weg nach unten zum Kehlkopf und zur Zunge bleibt da weitgehend in dem Ätherischen allein und der physische, untere Schwingungsanteil spielt eine geringe Rolle. Das wird bei der mechanisch durch Radio und Grammophon übertragenen Musik sofort anders. In diesen Fällen erhält der Zuhörer schon nicht mehr den l e b e n d i g e n menschlich-seelischen Inhalt für sein Ohr übermittelt; alles verbleibt innerhalb physischer Schallwellen. Dadurch wird auf die Richtung vom Gehörorgan zu dem unteren Wege, der in die Paukenhöhle führt, aufmerksam gemacht. Gerade weil dies meist unbewußt bleibt, sind die Folgen für später viel gefährlicher. Daher wird durch diese modernen Mittel wie Radio und Grammophon alles für eine Zungengeschwätzigkeit, im Gegensatz zur Zungenkontrolle, geradezu vorbereitet. Da heute nicht nur die Erwachsenen, sondern leider auch die Kinder ständig unter diesem „Kultur"-Lärm von ganz jungen Jahren an aufwachsen müssen, braucht die auffallende Neigung der gegenwärtigen Menschheit zu übertriebener Geschwätzigkeit niemanden mehr zu wundern. Die Grundlagen für diese Eigenschaften werden heute schon in sehr früher Zeit gelegt, ohne daß dies bisher im allgemeinen bewußt geworden wäre.

Eine weitere Erscheinung aus dem Alltag wird unter diesem Gesichtspunkte ebenfalls leicht begreiflich. Es ist doch ein merkwürdiger Vorgang, daß Menschen im Radio, im Kino oder auch bei irgend einer — nicht sehr künstlerischen — Bühnenaufführung einen sogenannten „Schlager“ hören und kurz darauf singen, pfeifen, brummen die Menschen ohne Unterlaß die vorher vernommene Melodie. Sie kommen meist gar nicht los davon. In solchen Fällen wird der Weg nach „unten“, gegen die Zunge und Kehle, besonders schnell genommen [6]). Ähnliches geschieht ja kaum bei einem Choral von Bach oder einer Beethovensymphonie!

---

[6]) Im sogenannten Rock- and Roll-Film geht die Wirkung noch tiefer in den Organismus und ergreift mit erstaunlicher Gewalt die Gliedmaßen.

X.

SPRACHSINN

Den „Wortsinn“ oder den „Sprachsinn“ aufzuzeigen scheint schon deshalb viel schwieriger zu sein, als die anderen Sinne, weil seine physische Grundlage, die bei den meisten bisher besprochenen Sinnesorganen ohne weiteres auffindbar ist, erst gesucht werden muß. Nun wird es unmittelbar klar, daß zum Erfassen eines Wortes, auch des kleinsten, eine Fähigkeit gehört, die weit über die Möglichkeit eines Gehörsinnes allein hinausgeht. Versucht man sich einmal von allen diesbezüglichen Vorurteilen und Ansichten freizumachen, dann wird leicht bemerkbar, wie es in uns wirklich etwas Besonderes geben muß, das erst ein Sprachverständnis ermöglicht. Bei sogenannten abstrakten Wörtern ist dies unmittelbar am einleuchtendsten. Denn wenn ich das Wort „Baum“ ausspreche, ist es schon meistens mit vielen Vorstellungen verbunden: da vermischt sich das Wirken des Wortsinnes unmittelbar mit Gehörtem, Geschehenem, Gedachtem. Aber bei Wörtern wie „und“, „oder“, „sehr“ ist nichts vorhanden, was uns aus der Vorstellungswelt zur Hilfe kommen könnte — und doch verstehen wir ohne weiteres die Bedeutung dieser Wörter einer Sprache. Dabei ist natürlich vorausgesetzt, daß wir zumindest irgendeine Sprache einmal erlernt haben.

Rudolf Steiner betont ausdrücklich bei Besprechung dieses „Wortsinnes“, daß das Wahrnehmen der Worte wirklich auch durch Organe „physischer Natur“ geschieht [1]). Wo und welcher Art sind diese Organe? Nachfolgend soll nun versucht werden,

---

1) „Das Hören des Tones ist vermittelt durch das Ohr. Worte-Wahrnehmen ist durch andere Organe vermittelt, welche ebenso physischer Natur sind, wie diejenigen, die den Gehörsinn vermitteln.“ Die zwölf Sinne des Menschen in ihrer Beziehung zu Imagination, Inspiration und Intuition. 1920.

diese Frage zunächst zu beantworten. Dazu ist es notwendig, in einer speziellen Weise auf die Zeit des Sprechenlernens einzugehen. Das Kind erlernt die Sprache einfach aus der Nachahmung des Gehörten. Dieses Hören einer Sprache ist eine der Voraussetzungen, ohne die es nicht zum Sprechen und Sprachverstehen kommen kann. (Die wenigen und besonderen Ausnahmen seien hier nicht separat angeführt.) Wer nie den Klang erlebt, mit der eine Sprache gesprochen wird, zumindest aber die Sprechbewegungen mit den Augen verfolgt, oder wenigstens durch das Betasten der Sprechorgane lernt, was jemand anderer beim Reden tut, der wird niemals fähig sein, das Sprechen zu erlernen. Nun hört ein kleines Kind, wenn es nicht abnorm entwickelt ist, ständig in seiner Umgebung reden, doch dauert es trotzdem eine gute Weile, ehe zu erkennen ist, daß es Worte versteht. Die Erfahrung lehrt, daß die Kinder meist zuerst gehen lernen und ihre Gliedmaßen betätigen, ehe sie imstande sind zu sprechen und zu begreifen, was die Worte meinen. Was die Bewegungen betrifft, muß allerdings betont werden, daß es vielleicht nicht so sehr auf die Bein- und Fußbewegungen als auf die Arm- und Handbewegungen ankommt. Es zeigt sich nämlich, daß nur dann die Sprache richtig erfaßt wird, wenn ein bestimmter Teil des Gehirns voll ausgebildet ist. Es handelt sich um die hintere Hälfte der linken ersten Schläfenwindung. Diese Region ist mit der Ausbildung des Sprachverständnisses verknüpft und wird daher auch als sensorisches Sprachzentrum bezeichnet [2]). Nun lehren Untersuchungen, daß die Ausbildung dieses Gehirnteiles abhängig ist von den Bewegungen der Arme und Hände. Hier darf man nämlich richtig die Erscheinung ablesen, daß sich ein Organ (die entsprechende Schläfenwindung des Gehirnes) erst unter ganz bestimmten Bedingungen formt; das geschieht also in dem vorliegenden Fall wirklich von der Peripherie — wenn sich die Arme und Hände bewegen und, was besonders wichtig ist, bestimmte Greifbewegungen ausführen. Es hat sich ergeben, daß dieses Sprachzentrum nur in jenem Falle richtig auf der linken Seite

---

[2]) Zum Unterschied vom „Motorischen Sprachzentrum" das in der untersten linken Stirnwindung lokalisiert wird.

entwickelt wird, wenn das Kind in seinem Greifen rechtshändig ist. Dagegen bildet sich das Sprachzentrum im Gehirn auf der rechten Seite aus, falls das Kind alles nur linkshändig macht. Es darf daher mit aller Berechtigung gesagt werden, daß sich die Sprache ihr Organ im Gehirn aus der Arm- und Handbewegung erbildet. Der Unterschied in der Ausbildung zwischen der linken und rechten Hirn-Hemisphäre beginnt schon im siebenten Lebensmonat und nimmt von dieser Zeit an ständig zu. Für unsere Betrachtung ist dies deshalb bemerkenswert, weil etwa vom dritten Vierteljahr, also vom siebenten Monat an, ein gewisses Verständnis für einzelne Wörter zu beobachten ist [3]).

Außer dieser Einwirkung der Arm- und Handbewegung auf die Gehirnbildung selbst ist aber noch ein anderer, ganz feiner Bewegungsvorgang vorhanden, der sich in einer sehr verschiedenen Weise darlebt. Wird ein Wort gehört, und dies spielt vor allem in der frühkindlichen Entwicklungsperiode die Hauptrolle, so vibriert der Kehlkopf in ganz feiner Weise. Man kann dies als Erwachsener unter Umständen auch noch an sich selbst miterleben, denn es gibt da feine Übergänge. Man hört z. B. den Klang eines Wortes; je intensiver gelauscht wird, um so mehr ist der Kehlkopf angespannt und versucht leise nachzuahmen, was ertönt. Dieses Erlebnis der Anspannung des eigenen Stimmapparates hat fast jeder beim Erklingen bestimmter Töne, besonders wenn er intensiv darauf hinhört. Interessant ist es auch, wie man z. B. bei manchen Menschen, die lesen — wobei natürlich neben dem „Denksinn“ vor allem auch der „Wortsinn“ geübt werden muß — den Kehlkopf und die Sprechorgane nicht nur mitschwingen sieht, sondern hören kann, daß sie sogar leise sprechen. Dies ist an Kindern zu beobachten, die beginnen, lesen zu lernen und bei alten Leuten ebenfalls, die nicht mehr so ganz leicht imstande sind, Gelesenes aufzunehmen. Ihnen genügt nicht das unhörbare und ganz zarte Mitvibrieren der Stimmbänder, sondern sie müssen es bis zum wirklichen Mittönen der Sprech-

[3]) Siehe z. B. Lust-Pfaundler, Krankheiten des Kindesalters, 6. Aufl. herausgeg. v. Dr. J. Husler, Urban und Schwarzenberg, München-Berlin, 1950.

werkzeuge bringen. Durch das tatsächliche Anklingenlassen der Worte mit den Sprachorganen wird ihnen das Verständnis für die Sätze erleichtert.

Zur richtigen Entwicklung der Sprache gehören offenbar drei Komponenten, die vor allem schon in früher Kindheit zu ihrem Zusammenspiel gelangen. Zuerst ist das physische Greifen mit Hand und Arm übungsmäßig notwendig. Dazu gesellt sich dann zweitens meist im Laufe der Zeit ein Lallen und Formen bestimmter Laute durch die Kehle. Das Erkennen z. B. einer Person, wie der Mutter, spielt sich meist so ab, daß das Kind das Gesicht der Mutter möglichst nahe bei sich hat. Es berührt bald die Nase oder die Augen der Frau und stößt eine Art Ruf aus. Später findet es dann für all das eine Silbe wie „Ma“ oder „Mama“. Je öfter das getan wird, um so mehr schreibt sich die Form des silbenmäßigen Sprechens — und dies ist die dritte Komponente — in das Sprachzentrum des Gehirns ein. Was das Kind derartig hört, wird mit dem Kehlkopf nachgeahmt und von Armen und Beinen mit Bewegungen begleitet. Man hat sich wahrscheinlich vorzustellen. daß bei dem Bewegen der Gliedmaßen eine Art Vorbereitung jener Schwingungen stattfindet, die in viel späterer Zeit regelmäßig im Kehlkopf erfolgen, sobald zugehört wird. Das Organ, das wie durchlässig für alle Wortgebilde ist, und durch das die Worte auch wieder durchkommen, ist in den genannten Gehirnteilen zu suchen.

Wenn wir nochmals der Frage nachgehen, wo eigentlich das wirkliche Sinnesorgan für den „Wortsinn“ zu suchen ist, muß im Grunde auf den menschlichen Kehlkopf gewiesen werden. Seine Sinnesorgannatur bleibt allerdings unserem Bewußtsein vorläufig noch tief verborgen, weil die volle Entwicklung des Kehlkopfes seinem ganzen Wesen nach noch lange nicht erreicht ist.

Bisher wurde bei den verschiedenen Sinnen wie Augen, Ohren, Geschmacksorganen und anderen, das Hauptgewicht auf das Sich-Öffnen nach außen gelegt; daß sich z. B. die Augen für das Licht und die Farben auftun. Als ein verhältnismäßig kleinerer Anteil der Natur des Auges z. B. wurde zwar die innere Aktivität, wie etwa bei dem Phänomen der

Gegenfarben hervorgehoben, — aber meistens stand doch die reine Erscheinung der Aufnahme des äußeren Bildes im Vordergrunde. Dies war natürlich vollkommen berechtigt, weil die Organe auch bis in ihre anatomische Gestaltung immer wieder auf den receptiven, aufnehmenden Faktor deuten. Bei dem Kehlkopf verhält sich dies aber ganz anders, wenn wir ihn als Sinnesorgan nehmen — was ja im allgemeinen noch gar nicht geschieht, denn die Wissenschaft denkt vorläufig nicht daran, von einem Wortsinn in der hier beschriebenen Art zu sprechen. Der Kehlkopf verhält sich in bezug auf seine Sinnesorgannatur umgekehrt wie andere Sinne. Im Bewußtsein steht seine aktive Tätigkeit, die sich im Tonbilden und Sprechen kundgibt. Aber die empfangende Geste, die bei den anderen Sinnesorganen so sichtbar hervortritt, spielt sich im Kehlkopf verborgen ab. Sie ist noch weitgehend im Bereiche der lebendigen Kräfte gelegen, in dem Kraftnetz des „Ätherischen". Nur wenn wir unsere Aufmerksamkeit versuchen auf dieses Wirken zu lenken, fühlen wir in dem leichten Vibrieren oder Spannen unserer Stimmbänder einen Reflex dieser eigentlich übersinnlichen Vorgänge. Rudolf Steiner hat zunächst versucht, dieselben künstlich in das Sinnliche, durch die von ihm geschaffene Kunst der Eurythmie, hereinzuholen. Sie fand im vorangehenden Kapitel ihre besondere Erwähnung. Damit ist der Versuch gemacht, die schwierige Frage zu lösen, wo wohl die körperliche Grundlage für den Wortsinn zu suchen ist.

Ein bemerkenswerter Unterschied, der in dieser Funktion des Kehlkopfes gegen ein anderes Sinnenorgan besteht, liegt noch in folgendem: beim Hören z. B. strömt die Luft, der Träger der Töne und Geräusche, einfach in das Ohr, die höchste Aktivität, die noch entwickelt wird, ist eine Art Stille-halten, damit möglichst wenig Störung der Übertragung entgegengestellt wird. Wenn der Kehlkopf sich für das Aufnehmen des Wortes bereit macht, ist es weniger ein Stillehalten als ein feines Einatmen der Luft, das von dem ätherischen Schwingen begleitet wird.

Bedenkt man, wie in den ersten Jahren ein Kind sich Laut um Laut und Wort um Wort im stetigen Üben erwirbt, dann steht ein Mensch der Sprache schon etwas anders gegenüber, als wenn er die fertige Alltagssprache hinnimmt. Er erlebt wie in jedem A oder M, das in jener Frühzeit ausgesprochen und zahllose Male wiederholt wird, etwas für das Kind sehr Bedeutungsvolles sich vollzieht. Eine Kraft senkt sich da in das menschliche Wesen hinein, eine Kraft, die später dazu führt, daß ohne weiteres Laute, Worte und die Sprache unmittelbar erkannt und verstanden werden. Die Mühe des Lernens wird bekanntlich — zu unserem Glück — vergessen, sobald wir eine Fähigkeit erworben haben. Aber es wirkt sehr aufklärend, sich auf jene Arbeit zu besinnen. Denn sobald wir dies tun, ist es vielleicht möglich besser zu verstehen, wie die geisteswissenschaftliche Forschung Rudolf Steiners die Sprache auffassen muß. Wenn ein Kind so weit ist, daß es etwa Ma-Ma sagt, deutlich und mit Mühe hervorgebracht, so weiß der unbefangene Zuhörer sofort: In diesem Ausdruck ist für das Kind nichts Abstraktes vorhanden, sondern die klingenden Laute umfassen sozusagen den vollen Begriff des Liebevollen, Sehnsucht-Erfüllenden. Rudolf Steiner spricht in diesem Sinne von einem „Wortbild“, das z. B. noch von den Menschen der alten Zeit erlebt werden konnte [4]). Das Kind macht den Prozeß der Menschheitsgeschichte beim Erlernen der Sprache nochmals mit. In diesem Aufnehmen der Worte lebt noch eine innere Kraft für das Kind. Eine ältere Menschheit fühlte dies sogar so stark, daß sie in den Lauten und Worten ein Instrument sah, das von den schöpferischen Gewalten einer geistigen Welt gehandhabt wurde. Später gelangte man zu dem Logos-Begriffe, der noch hinweist auf die Verbindung vom Wort und seiner ihm innewohnenden Schöpferkraft. Der Anfang der „Genesis“ ist ja ganz erfüllt von dem Gotteswort, das ausgesprochen, zur Weltenschöpfung wird.

Jedes Kind kann nun durch seinen Kehlkopf zunächst in

---

[4]) „Je weiter wir nämlich zurückgehen in der Betrachtung der menschlichen Sprache, desto mehr finden wir, daß in der Auffassung des Menschen Wort und Begriff oder Vorstellung als Eines erlebt werden, daß der Mensch gewissermaßen das, was er denkt, innerlich hört, daß er ein Wortbild, nicht so sehr ein Gedankenbild hat.“ Ansprachen und Vorträge Rudolf Steiners im zweiten anthroposophischen Hochschulkurs, 3. bis 10. April 1921. Troxler Verlag Bern, 1948. S. 136.

der Gebärde der Einatmung einen Funken des göttlichen Geistes in Form des Sprechenhörens in sich empfangen. Durch die Umgebung können sich die Laute und Worte der Sprache in das Kind einsenken. Nach einiger Zeit vermag es auch durch die Ausatmung, ebenfalls auf dem Wege der Sprechorgane, die Sprache zu formen. Darin drückt sich eine gewisse Schöpferkraft für den Menschen aus. Was er also einmal von der schaffenden Gottheit empfangen hat, durfte er sich zu eigen machen und sollte es weiter entwickeln. An dieser Stelle kann an die folgenden Ausführungen Rudolf Steiners erinnert werden, weil sie in unserem Zusammenhang gut zu verstehen sind. Der Kehlkopf ist für ihn ein Organ, das erst am Beginne seiner Entwicklung steht und später eine noch bedeutende Aufgabe zu erwarten hat. Der Mensch wird nämlich einmal die volle Schöpfungskraft durch den Kehlkopf entfalten und sozusagen einen neuen Menschen durch ihn gebären können. Darin findet sich ein Ausdruck für die Tatsache, daß die Gottheit dem Menschen einmal durch den Atem das Leben und die lebendige Seele einhauchte und daß in ferner Zukunft der Mensch — nun als freies, von Gott losgelöstes Wesen — genau so schöpferisch sein wird für sich, wie es der göttliche Geist für den Menschen gewesen ist. Nach der Austreibung aus dem Paradiese heißt es: „Und der Herr sprach: Siehe, Adam ist geworden wie unsereiner und weiß, was gut und böse ist [5].“ Aber der Mensch ist noch nicht dem Herrn gleich geworden und der Weg zum „Baume des Lebens“ ist ihm verwehrt durch den das Paradies bewachenden Cherub [6]. In der Zukunft wird er auch das Geheimnis des Lebens besitzen, wenn er dem die Erde vom Sündenfall erlösenden Christus Folge geleistet hat. In jener Zeit wird der Kehlkopf die gottgewollte Kraft in sich entwickelt haben. So schließt sich die Entwicklungslehre zu einer gewaltigen Einheit. Sie ist Mythologie, sie ist Religion, Philosophie, auch Theosophie — und in Wahrheit Anthroposophie (die Weisheit vom Menschen).

Das Sinnesorgan für die Worte ist sehr empfindsam. Jetzt wird es vielleicht auch verständlicher geworden sein, warum

---

5) Genes. 3/22.

6) Genes. 3/24.

in der Kindheit jede Sorgfalt auf eine richtige Ausbildung der Sprache gelegt werden muß. Der Erwachsene soll sich selbst die Achtung vor der Schönheit seiner Sprache anerziehen, damit das Kind lernt, sie auch schön nachzuahmen. Immer wieder wurde darauf hingewiesen, wie die Kräfte des Lebendigen durch den Kehlkopf in Bewegung kommen. Je lebensvoller die Worte an das Kind herantönen, um so lebensspendender werden die empfangenen Kräfte für den wachsenden Menschen. Diese Lebenskräfte dehnen sich auch über den ganzen Körper aus und wirken bis in die vom Kehlkopf weit entfernte Stoffwechselorganisation. Es ist also gar nicht verwunderlich, daß Rudolf Steiner darauf aufmerksam machen konnte, wie die dumme Kindersprache von Erziehern dem Kinde gegenüber, zu einer schwachen Verdauung im späteren Leben führen kann [7]). Solange ein Kind noch im Zeitalter der Nachahmung lebt, also bis zum Beginne des Schulalters, sollte man möglichst nur bei e i n e r Sprache bleiben, wenn wir den Sprachsinn nicht überanstrengen und für später schwächen wollen. Gerade weil dieser Sinn eine so enge Beziehung zu den aufbauenden Kräften hat, und auch einen so engen Anschluß an das Seelische besitzt — schon durch die Verbindung mit dem Atemstrom —, wird es von besonderer Bedeutung, welcher Weg für das Sprechenlernen des Kindes gewählt wird. Der innige, lebensvolle Kontakt mit der liebevollen Sprache — ohne Verstümmelungen — von Mutter, Vater und Umgebung ist eine gesunde Art. Schreien und aufgeregtes Reden, das dem Kinde aus unbeherrschten Gefühlen seiner Umgebung zu Ohren kommt, wirkt verheerend, lähmt die Lebenskräfte und schreckt die Seele. In der Stimme schwingt ja alles mit, was im ganzen Menschen lebt — und der Zuhörende macht dies, wie vorhin gezeigt wurde, mit seinem Kehlkopf und dessen Region in feinen Schwingungen nach. Schädigend und ertötend auf die gesamte Vitalität eines Kindes — dies gilt allerdings noch bis weit in die Pubertätszeit hin — wirken alle mechanisch hervorgerufenen Sprech- und Singvorgänge, wie sie durch Radio und Grammophon her-

7) Siehe: Rudolf Steiner, Kurs für Lehrer, gehalten am Goetheanum, 1921.

vorgerufen werden. Es ist ganz klar, daß im Anhören dieser Sprechapparate im Kinde nichts erweckt werden kann, wodurch sich Bilde- und Seelenkräfte natürlich angeregt fühlen. Seelenleere, Lebensunbefriedigung und Rastlosigkeit in späterer Zeit sind die Folgen.

Vom Kinde nach der Pubertät wird eine wirkliche Zungenkontrolle nur erwartet werden können, wenn die mechanischen Mittel wie Radio und Grammophon aus der Erziehung verschwinden. Wie sehr da ein Totes hereinwirkt, kann schon aus dem tagtäglichen Leben beobachtet werden. Es ist ohne weiteres möglich und sogar üblich, daß Leute ihren Radioapparat gehen lassen, ohne besonders hinzuhören. Ja, sie führen vielleicht eine laute Konversation, versuchen sogar, den Radiolärm zu überschreien. Oft sind die Leute einfach zu faul, den Apparat abzustellen. Einer wirklichen Menschenstimme gegenüber, die von einer Persönlichkeit im Raume käme, würde sich niemand so benehmen können. Dem Radio braucht man aber nicht zuzuhören; es genügt den Leuten, nur mit halbem Ohr zu lauschen. Es handelt sich doch nur um einen Ersatz, ein seelenloses Surrogat, das im Leblosen etwas Lebendiges imitiert. Der Wortsinn muß aber geschädigt werden, wenn Menschen diesem Lärm des Radio fast ununterbrochen ausgesetzt sind. Erwachsene, die den wirklichen ursächlichen Grund der Gefahr für Kinder und Jugendliche nicht verstehen, sagen meist, daß sie ihren Kindern nur die besonderen Kinderprogramme erlauben. Nach dem Vorangehenden wird jeder einsehen, daß die Gefahr einer Schädigung schon in der bloßen Tatsache des Anhörens selbst zu suchen ist — der Inhalt der Sendung ist da von nebensächlicher Bedeutung, soweit der Wortsinn in Betracht kommt.

Das Lauschen auf die natürliche, volltönende Stimme, die im Sprechen die offenen Vokale und die gut geformten Konsonanten produziert, bildet den Wortsinn richtig aus; denn der fein mitvibrierende Kehlkopf kann dadurch ein feines Instrument werden für die eigene Sprache, die er sprechen wird. Wir empfangen auf diese Weise — wenn auch ganz unbewußt — etwas von den wirklichen geistigen Sprachkräften. Indem man sich mit dem verbindet, was einst der schöpferische Logos, das Gotteswort, war, kann auch in uns selbst etwas von Schöpferkraft entstehen, sobald wir selbst die Sprache erlernt haben. Im höchsten und idealen Sinne könnte man dies auch so ausdrücken: Der göttliche Geist hat mit seinem Hauch (also in einer Art Ausatmung) uns sein Wort eingepflanzt; damit wurden wir sein Geschöpf. Wir selbst, als Angehörige der Menschheit, sind im Laufe der Entwicklung dahin gekommen, der Gottheit nachzustreben und sind unter Umständen fähig, ebenfalls (also auch mit der Ausatmung) schaffend durch das Wort zu wirken.

Es ist eine verständliche Forderung, daß in den Schuljahren die volle Entfaltung der Sprachkräfte gesucht wird. Auf das rezitatorische Element legt man daher im Unterrichte an den Rudolf-Steiner-Schulen großen Nachdruck. Die Kinder müssen allmählich ein Gefühl für den Wert der Laute bekommen. Abgesehen davon, daß natürlich jedes einzelne Kind berücksichtigt wird, empfahl Rudolf Steiner in der Schule die Pflege des chormäßigen Sprechens. Diese Art von Rezitation hat viele Vorteile. Ein Kind, das große Scheu davor hat, ein Gedicht allein herzusagen, verliert mit der Zeit jede Furcht, wenn es zuerst mit anderen zusammen spricht. Ferner kann ein Kind viel leichter dazu gebracht werden, mit vollem Atem laut hinauszusprechen, wenn es vorher daran gewöhnt ist, im Chore zu reden. Auf diese Weise kommt der Rhythmus und gleichzeitig mit ihm auch das Atmen viel ungezwungener zu seinem Recht. Außerdem mischt sich in das Chorsprechen — ebenso wie im Chorsingen — ein für die Erziehung sehr wohltätiges soziales Element. Die Kinder empfinden sich imChore wirklich als e i n e Gruppe und eine Einheit. Sie können fühlen, wie machtvoll die Sprache tönt, wenn die Laute hell im gleichen Takt erklingen. Durch verständiges Üben der Sprache können die Kinder allmählich lernen, richtig aus sich herauszusprechen; dem Atemstrom soll sich der Laut mitteilen, um möglichst weit nach vorne getragen zu werden. Die Erwerbung einer solchen Sprechtechnik führt zur Gesundung der Sprachorgane; es entsteht in ihnen keine Stauung, weil die Atmung nicht zurückgehalten wird. Bei langem Reden, als Lehrer oder Vortragender, ermüdet man viel weniger und spricht sich frei von allem Bedrückenden. Es liegt schon im Wesen der Ausatmung selbst, durch die wir uns von überflüssigem Kohlenstoff befreien, daß wir dabei auch ganz natürlich von einer gewissen Schwere, die auf uns ruht, entlastet werden. Der Asthmatiker, der nicht imstande ist, ordentlich auszuatmen, empfindet diese Beschwernis besonders tief. Bei der Ausatmung kann sich ein Mensch losmachen von der angesammelten Kohlensäure und ist imstande, durch die Einatmung von Sauerstoff das Blut zu erneuern. Da wird der Eisenprozeß im Blute wieder tätig. So führt jede Ausatmung zu einer Befreiung. Auf dieser Strömung der Luft, die ausgehaucht wird, schwingt die Sprache mit. Diese Überlegung erscheint uns deshalb von so großer Wichtigkeit zu sein, weil wir uns damit gedanklich der physischen Grundlage dessen nähern, was seelisch mit dem Wortsinn im engsten Zusammenhange steht. Dem Sinn verleiht alles Stärke, das mit dem Mut in unserer Seele verknüpft ist. Der Mut schwingt auf der richtigen Betätigung der Atmung. Die volle Wahrnehmung der Sprache durch den Wortsinn führt zur rechten Atmung, zur inneren Freiheit und zum Mut.

In diesem Zusammenhange ist es erwähnenswert, daß die alten Germanen eine Art Rezitation, offenbar ein Mittelding zwischen Gesang und Sprechen, übten. Nach Tacitus handelt es sich um eine Art Kriegsgesang, der in die Schilder gesungen oder gerufen wurde und aus dessen Wirkung auf das Gemüt der Soldaten geschlossen wurde, ob Erfolg oder Niederlage des Feindes zu erwarten war. Dieser deklamierende Gesang sollte auch den Mut der Angreifer erhöhen und stärken, aber den Feind erschrecken. Das ganze vollzog sich bei den germanischen Soldaten chormäßig.

Die Menschen älterer Zeiten hatten noch eine Empfindung, viele sogar noch ein Wissen von der göttlichen Kraft des Wortes. Mit dem Gebrauche der Sprache bahnten sie unter Umständen den Weg für das Hereinströmen göttlicher Kräfte. Unter dem Einflusse der Kriegsgesänge konnte in den Herzen der in ihre Schilder hineinrufenden Krieger Mut entstehen, aber Furcht und Schrecken bei den sie hörenden Feinden. Damit werden wir zu der Erkenntnis hingeleitet, daß die in der Seele entstehende Eigenschaft, die aus der Wortekraft Nahrung gewinnen kann, der Mut ist. Eigentümlich und interessant wirkt folgende Feststellung: Laute, Worte, Töne und Sprache haben, wie gesagt, alle mit der Atmung und vor allem mit dem aushauchenden Atem zu tun. Maßgebend ist der Moment, wenn die ausgeatmete Luft über die Stimmbänder streicht. In diesem Augenblick beginnt es zu tönen. Der physische Kehlkopf fängt zu schwingen an, der sonst beim Anhören der Sprache oder der Musik nur ganz fein in seinen Bildekräften mitvibriert. Auf diese Weise wird er zum Organ für den Wortsinn.

Aber auch der Mut verbindet sich mit der Atmung, und zwar mit der Ausatmung; nur kommt es eigentlich nicht bloß auf den Kehlkopf an, über den der Atemstrom beim Aushauch streift, sondern vielmehr auf den gesamten Luftstrom, der schon von der Lunge selbst den Weg nach außen sucht. Im aktiven Tun löst sich die Seele von ihrem zu starken Verhaftet-Sein an den Leib los. Frei kann sie in der Ausatmung werden. Je mehr sie dieselbe beherrscht, um so mutiger wird sie eingreifen. Bereits unter den Tieren findet man, daß jene, die ihre Atmung gut und kraftvoll beherrschen, in besonders hohem Maße die Eigenschaft des Mutes entwickeln. Der Löwe z. B. erlebt sich voll und ganz im Atem. Dies kann schon physiologisch beobachtet werden. Außerdem weist auch Rudolf Steiner darauf hin, wie es für den Löwen besonders charakteristisch ist, daß er seine Seele so mächtig im Atem fühlt. Große Bedeutung liegt darin, daß dieses Wesen nicht nur zu einem der tapfersten Tiere gehört, sondern auch zu einem, dessen Stimme besonders laut und machtvoll grollend ertönen kann. In dem Maße als der Löwe sein Donnern erschallen läßt, und sozusagen aller Umgebung seinen im Ausatmungsstrome lebenden Mut verkündet, werden die anderen Tiere von Furcht und Schrecken ergriffen und halten den Atem an. Der Mensch, der mit einer solchen „Löwennatur" geboren wird, erlebt sich nicht nur frei in der Atmung, sondern auch frei in der Sprache, die er dann meist auch gut beherrscht.

Aus dem bisher Angeführten wird es klar geworden sein, daß wir dem Menschen von Kindheit an zu einer richtigen

Entwicklung von Mut verhelfen, wenn die Erziehung und Hütung des Wortsinnes verständnisvoll behandelt wird. Dies scheint also von zwei Seiten her möglich zu sein. Erstens durch das Lernen der Sprache im Zuhören. Je klarer und schöner, ihrem Ursprunge gleichsam am nächsten, die Worte erklingen, denen gelauscht wird, um so geistgemäßer werden die Lebenskräfte des Kehlkopfes mitschwingen. Dieser erste Weg beginnt zunächst mehr passiv und empfangend. Er kann sich aber für den Erwachsenen immer aktiver gestalten, sobald mit vollem Bewußtsein auf das Tönen von Worten oder Klängen geachtet wird.

Der zweite Weg zur Entfaltung des Wortsinnes nimmt seinen Anfang von dem Momente, da das Kind in ständiger Übung das gehörte Wort nachzuahmen beginnt, also gelernt hat, den physischen Kehlkopf in Bewegung zu setzen. Je voller das gesprochene Wort ertönt und artikuliert wird, um so gesünder entwickelt sich nicht nur der Atem einerseits und das Sprachzentrum im Gehirn andererseits, sondern auch die Sprachorgane selbst. Sie bleiben lebendiger. Hier klingt wieder etwas von der nahen Verwandtschaft zwischen Gehörsinn und Sprachsinn durch. Vom Hören wurde erklärt, wie es uns hinüberführt, wenn wir es entweder richtig üben, oder wenn wir mit einer großen musikalischen Begabung geboren werden, in das geistige Reich, aus dem die Sphärenklänge stammen; dagegen kann aber das gerade Gegenteil eintreten, sobald wir uns vornehmlich auf das irdische Tönen einstellen, wie es etwa durch das Mechanisieren der Musik mittels Radio oder Grammophon geschieht. Ähnliches wie beim Gehörsinn scheint sich auch mit dem Sprach- oder Wortsinn abspielen zu können. Schwingt der Kehlkopf beim Lauschen wirklich mit in seinen Bildekräften, dann sind wir unter Umständen auch fähig, uns dem göttlichen Ursprunge der Sprache zu nähern. In diese Region versucht die „Eurythmie“ einzutauchen und künstlerisch darzustellen, was eigentlich im übersinnlichen Lebensstrom der Sprache und Musik den Kehlkopf bewegt. Dagegen kann es aber auch vorkommen, daß dem Sprachsinn aus der Sprache das Umgekehrte zugeführt wird: das rein Materielle, Irdische — genau so wie das beim Gehörsinn geschildert wurde.

XI.

GEDANKENWAHRNEHMUNGSSINN

Rudolf Steiner hat wohl als erster den „Gedankenwahrnehmungssinn“ beschrieben. Für ihn ist dies jener Sinn, der es dem Menschen ermöglicht, die Gedanken eines anderen wahrzunehmen. Der Geist der Sprache hat noch eine Empfindung für die Sinnesbetätigung bei dem Gebrauche des Denksinnes und bringt dessen Tun mit einem Worte zusammen, das eigentlich sonst der Welt des Tastens angehört. Man „begreift“ einen Gedanken, eine Rede, ein Buch, eine Philosophie; man kann sie also mit etwas (dem „Denksinn“ offenbar) gleichsam anrühren. Das Rätsel des Gedankenwahrnehmungssinnes zu lösen, ihn selbst zu „begreifen“, ist eine besonders schwierige Aufgabe, da hier das physische Sinnesorgan wirklich zu fehlen scheint.

Die größte Hilfe für ein Verständnis des Sinnes gewinnt man durch die Darstellung des Denkens in Rudolf Steiners „Philosophie der Freiheit“. Es besteht wohl kein Zweifel, daß der Gedankensinn erst funktionieren wird, nachdem ein Mensch zur Fähigkeit des Denkens selbst vorgeschritten ist. Aus anderen Zusammenhängen [1]) ergibt sich, daß nach dem Erlernen des aufrechten Gehens und Sprechens ein Kind, um das dritte Jahr herum, seine Denkkraft zu entfalten beginnt. Erst vom dritten Jahr an lernt das Kind sich selbst als ein Ich kennen. Viele Menschen haben dies an sich erlebt, manche haben es auch deutlich beschrieben. Dies fällt zeitlich mit der Erscheinung zusammen, daß wir richtige Vorstellungen in uns entwickeln und aufbewahren können. Warum dies der Fall ist, ergibt sich aus folgendem: der „Philosophie der Freiheit“ entsprechend müssen zwei Fakten zusammengebracht

---

1) Siehe z. B. „Frühe Kindheit“.

werden, die Wahrnehmung auf der einen Seite und der Begriff auf der anderen. Mein Auge nimmt von außen einen Baum wahr, innerlich empfange ich den Begriff des Baumes und durch mein Denken wird es erst möglich, Wahrnehmung und Begriff zu vereinen. Gelingt dies, dann vermögen wir eine Vorstellung von dem Baume, z. B. einem Apfelbaume, in uns zu haben. Der Begriff ermöglicht es mir, daß ich nun viele Vorstellungen von den verschiedensten Bäumen in mir sammeln kann. Das gelingt aber erst von der Zeit an, da mein Ich erwacht, also um das dritte Jahr. Rudolf Steiner betont ausdrücklich, daß eine Vorstellung, die sich als ein Bild in uns einprägt, deshalb zustande kommt, weil unser Ich sich bei der Beobachtung mit dem Gegenstand vereinigte: „Dieses Bild hat sich während meiner Beobachtung mit meinem Selbst verbunden [2]." Dies wird naturgemäß erst stattfinden können, nachdem das Ich den kindlichen Organismus soweit physisch aufgebaut hat, daß es auch bis zu einem gewissen Grade für die Denkarbeit geistig frei wird. Das vollzieht sich von drei Jahren an immer mehr und mehr. Von dem Zeitpunkte an ist der Mensch so weit, daß sein Denken in Erscheinung tritt, also bei der Beobachtung zur äußeren Wahrnehmung den entsprechenden Begriff findet. Unser Wachleben geht fortwährend vor sich, indem wir beobachten und innerlich Begriffe finden, mit deren Hilfe wir eine Unmenge von Vorstellungen sammeln. Unser Denken selbst aber beachten wir dabei nicht, wie dies in der „Philosophie der Freiheit" genau gezeigt ist. Es wird im allgemeinen nicht in unser Beobachtungsbereich bewußt gebracht. Es darf aber jeder Mensch für sich, wenn er es versuchen will, auch sein Denken von einem Beobachter-Standpunkt aus betrachten. Er wird bemerken, wie es ihm unmittelbar gegeben ist, wie es sich aber immer mit seinem Ich verbinden muß, wenn es in Schwung und Tätigkeit kommen soll. Nun kann darüber kein Zweifel bestehen, daß die Vereinigung von Wahrnehmungen und Begriff durch das Denken für das reine menschliche Ich eine wahrhafte Befriedigung bedeutet. Der Mensch fühlt eine sehr starke Be-

---

2) „Philosophie der Freiheit", Kap. 4. S. 83.

freiung in sich, sobald er jene Vereinigung des eigenen Wesens mit der Welt gefunden hat, die gerade durch Begriff und Wahrnehmung wie in eine Zweiheit gespalten scheint.

Ein Teil der Aufgabe, den eine ordentliche Schulerziehung lösen muß, besteht darin, daß ein Kind im Laufe der Jahre immer mehr dazu angeregt wird, sowohl die Wahrnehmungswelt auf der einen Seite voll zu erleben, wie die Begriffe auf der anderen Seite so klar als nur möglich in sich zu finden. Unter solchen Umständen wird das Kind, wenn es nach der Pubertät sein Denken klar entwickeln kann, die helle Freude daran haben.

Es darf nicht vergessen werden, daß sich dieses Denken erst allmählich ausbildet, wenn es auch schon mit drei Jahren zu arbeiten beginnt. Bis nach dem neunten Jahre vollzieht sich, im stufenweisen Fortschreiten, das Bilden von Begriffen noch sehr stark aus der Fülle von Bildern, die ein Kind aufgenommen hat. Je mehr diese Bilder, aus der Natur oder dem künstlerischen Schaffen entstammen, um so lebendiger, natürlicher und kraftvoller gestaltet sich später das Denken, auch wenn es sich mehr abstrakt, wie etwa in der Mathematik, betätigen soll. Die Freude am Diskutieren nach der Geschlechtsreife besteht gerade in dem Erfühlen dieser Welt- und Ich-Vereinigung im Denkakt.

Da sich aber mein Denken immer betätigt, sobald eine Wahrnehmung auftaucht, sich also immer mit dem Begriff dessen abgeben muß, was zunächst außerhalb von mir in der Welt erscheint, bleibt mir bei diesem Vorgange keine Zeit dafür übrig, die Natur meines Denkens zu beobachten und kennenzulernen.

All dies mußte noch vorher erwähnt werden, ehe man auf den Gedankenwahrnehmungssinn eingehen kann. Denn nur unter Berücksichtigung dessen, was uns die „Philosophie der Freiheit“ lehrt, ist es möglich, diesen Sinn zu verstehen und zu begreifen, wieso eine Erkenntnis desselben dem Menschen der Gegenwart entschlüpfen konnte. Der Gedankensinn macht nämlich etwas zur Wahrnehmung, was im Leben einen völlig anderen Charakter hat als alles, was die übrigen Sinne vermitteln. Die anderen Sinnesqualitäten, die als Licht, Wärme,

Geschmack usw. durch unsere Organe erfaßt werden können, gehören der äußeren Welt in jeder Beziehung an, unterscheiden sich von uns und fordern schließlich erst unser Denken heraus. Wir sind nach der Wahrnehmung imstande, entsprechende Begriffe zu bilden: Rosenduft, Salzgeschmack, Goldfarbe. Wir werden also, nachdem wir riechen, schmecken, sehen, zu einem Begriffsbilden durch unser Denken geführt.

Beim Gedankenwahrnehmungssinn bewegen wir uns aber von Anfang an schon in dem Bereiche selbst — in dem Gedankenhaften —, das sonst für den jeweiligen Sinn nachher von uns herangeholt wird, sobald wir in dem äußeren Elemente des Riechbaren, Schmeckbaren, Sichtbaren geweilt haben; denn es wird erst dann das Gedankenmäßig-Begriffliche zum Sinneserlebnis hinzugebracht. Jemand will mir z. B. die einfache Tatsache erklären, wieso ein junger Vogel aus dem Nest gefallen ist, als er ihn beobachtete. Die Vogelmutter brachte ein Würmchen für die vierköpfige Brut. Einer der jungen Vögel schien der stärkste, er drängte sich kühn vor, wollte das größte Stück ergattern, als die Mutter den Schnabel öffnete. Dabei hüpfte er über den Rand des Nestes und glitt längs des Stammes herunter, ohne sich halten zu können. Um den Begriff zu verstehen, muß ich fortwährend mit dem Denksinn dem folgen können, was ein anderer Mensch mir als seine Gedanken mitteilt, als seinen Grund vorbringt. Es handelt sich also nur darum, daß ich diese Gedanken aufnehme, gar nicht darum, ob ich sie für richtig oder unrichtig halte. Dadurch, daß ich bei einer solchen Gelegenheit Geschehnisse, Bilder, oder selbst Ideen übermittelt erhalte, bleibt für mich meist völlig verborgen, wie ich die fremden Gedanken aufnehme. Das Reich, in dem sich dies abspielt, ist eigentlich dasselbe, in dem ich lebe, wenn ich selbst einen Begriff denkerisch zu einer äußeren Wahrnehmung bilde. Der Unterschied ist nur der, daß bei der Betätigung des Gedankenwahrnehmungssinnes das äußere Wahrnehmungsobjekt schon in dem Bereiche liegt (im Gedankenelement), in dem ich mich sonst erst selbst bewegen muß, um die Begriffe zu einem äußeren Ereignis zu formen.

In der „Philosophie der Freiheit“ heißt es ausdrücklich:

„Das ist die eigentümliche Natur des Denkens, daß der Denkende das Denken vergißt, während er es ausübt [3])." Im allgemeinen entgeht es unserem Bewußtsein, daß wir im Wahrnehmen eines uns übermittelten Gedankens unmittelbar in die Region hineintauchen, in der wir uns sonst bewegen, wenn wir selbsttätig einen Gedanken produzieren. Man hat vorher übersehen, daß wir in Wahrheit fremde Gedanken mit derselben Dynamik aufnehmen, wie das Auge das Licht oder das Ohr den Schall. Es ist ganz klar, daß erst jener Geist, der die Sonderstellung und Einzigartigkeit des Denkens für den Menschen herausarbeitet, eben Rudolf Steiner, auch den Gedankenwahrnehmungssinn entdecken mußte.

Es ist deshalb so schwer, unser Denken selbst zu beobachten, weil dieses selbst sich ja gar nicht physisch wahrnehmbar abspielt. Es geht eigentlich immer in der unsichtbaren Welt des Lebendigen vor sich, aus der nachträglich immer leicht Bilder herausfallen können, die uns zu Bewußtsein kommen mögen, wie dies an der berühmten „Urpflanze" Goethes der Fall war. Daher darf gesagt werden, daß die Gedanken und das Denken nur bis zu einem bestimmten Ausmaße an den Leib gebunden sind. Durch dieses Wissen fühlt sich der Mensch direkt befreit, weil ein Rätsel damit gelöst scheint. Es wird zu einer wirklichen Qual, wenn wir aus dem Physischen allein verstehen wollen, wieso wir etwas in uns aufnehmen können, was jemand anderer als Gedanken vorbringt. Zwei Erscheinungen klären sich dabei auf. Die eine Erscheinung beobachtet man leicht im Kindesalter, natürlich schon bald nach den ersten drei Jahren. Kinder haben in so früher Zeit noch keinen sehr weitgehend entwickelten Gedankensinn, aber man bemerkt immer wieder und wieder, wie sie imstande sind zu erraten, was Leute ihrer Umgebung denken. Diese jungen Wesen sind in ihrem Leibe noch viel lockerer, sowohl mit ihren Lebenskräften, wie mit ihrer Seele verbunden. Sie nehmen daher aus dem Unsichtbaren leicht auf, was etwa ein anderer da hineindenkt. Dies kann sogar als eine Art Vorstadium be-

---

[3]) Seite 44.

trachtet werden, aus dem heraus sich später der Gedankenwahrnehmungssinn immer mehr entwickelt.

Die andere Erscheinung beobachtet man an alten Leuten, bei denen gerade diese lebensvollen Wachstumskräfte immer mehr dahinschwinden und bei denen sich gleichzeitig deutliche Schwächen in der Gedankenwahrnehmungsfähigkeit zeigen. Es gelingt ihnen nämlich immer weniger, sowohl die Gedanken anderer zu „erraten", als auch das Denken, das andere vorbringen, zu verstehen. Sie sind meist nur imstande, ihren eigenen, mit ihnen schon verbundenen Ideen nachzugehen.

Etwas tief Verborgenes spielt sich in uns ab, wenn der Gedankenwahrnehmungssinn arbeitet. Es gibt eine Eigenschaft der menschlichen Seele, die im engsten Zusammenhange mit dem Gedankensinne steht; das ist die Verschwiegenheit. Damit ist natürlich eine Eigentümlichkeit des Menschen gemeint, die er bewußt immer mehr erwerben kann; es ist selbstverständlich nicht ein schrullenhaftes Spielen mit Geheimnissen, um das es sich dabei handelt. Das Denken selbst vollzieht sich ja, wie erwähnt, im Menschen meist verborgen, d. h. unbeobachtet von ihm; nur der Inhalt selbst, nicht die Betätigung, tritt in den Bereich des Bewußten. Man begreift daraus ganz gut, wie die Verschwiegenheit der Seele zu jenen Kräften gehören kann, die den Sinn für das Gedankenwahrnehmen stärkt. Denn die treibende Kraft für den Gedankenwahrnehmungssinn — das Denken — bleibt sozusagen auch in der Verschwiegenheit des Unbewußten verborgen. Im tagtäglichen Leben wird gewöhnlich nicht so großer Wert auf die Verschwiegenheit gelegt. Aber für die innere Entwicklung ist sie von großer Wichtigkeit. Rudolf Steiner gibt z. B. ausdrücklich den Rat, daß der „Geheimschüler", also der bewußt nach den übersinnlichen Erkenntnissen Strebende, sich angewöhnen soll, über seine geistigen Erlebnisse zu schweigen, wenn er nicht seine errungenen Fortschritte aufs Spiel setzen will [4]). Wer sich selbst genau beobachtet, wird aus eigener Erfahrung bestätigen können, wie es immer schwierig werden kann, über

---

4) Siehe: Rudolf Steiner „Wie erlangt man Erkenntnisse der höheren Welten" S. 73.

Dinge, die sich jemand innerlich erworben hat, zu schweigen. Ferner kann man sehen, wie der Impuls zu einer Arbeit, die ein Mensch ausgestalten will, an Kraft verliert, sobald vorzeitig darüber gesprochen wird. Es kommt vor, daß nach einer verfrühten solchen Erzählung zu anderen Leuten, plötzlich eine Leere in der Seele empfunden wird, die vorher gar nicht da war. Es ist manchmal so, als würde dadurch die Liebe zu dem Plan und das Feuer des Willens, das zur Ausführung gehört, einfach abgedämpft. Alles, was vor dem Reden noch voller Leben gewesen ist, kann nachher außerordentlich schaal erscheinen. Vergleichsweise geschieht vielleicht etwas, wie wenn ein Pflänzchen, das längere Zeit zum Auskeimen in der Wärme gehalten wurde, zu seinem Unheil verfrüht ins Freie gepflanzt wird. Meist geht die Pflanze zu Grunde. Verschwiegenheit, die richtig geübt wurde, gibt dem Menschen innere Kraft; sie wird zur Besinnlichkeit, die der Ausarbeitung von Gedanken die größte Helferin ist.

Zum Wahrnehmen der Gedanken gehört eine wirkliche Betätigung unseres individuellen Ichs, wie auch das Denken selbst nur wirklich tätig ist, wenn das Ich sich daran beteiligt. Ebenso ist ein Üben der Verschwiegenheit, wie sie hier beschrieben wird, nur möglich, wenn sich das Menschen-Ich selbst betätigt. Daher soll man von einem Kinde, in dem das Ich noch nicht voll im Körper lebt, nicht erwarten, daß es wirklich verschwiegen sein kann. Es ist sogar ein großer Fehler der Erziehung, wenn dem Kinde etwas mitgeteilt wird, von dem es anderen nichts sagen darf. Das belastet ein Kind viel zu sehr und dürfte noch bis in die Pubertätszeit hinein nicht von ihm verlangt werden. Es hat schon verheerende Folgen für das kindliche Seelenleben, wenn die Mutter mit ihrem Sprößling ausmacht, der Vater dürfe nichts davon erfahren, daß sie z. B. beide heute in der Stadt gewesen sind. Diese Forderung nach Geheimhaltung senkt sich nämlich zu stark in die Seele eines Kindes ein, die noch nicht vom persönlichen Ich durchdrungen ist. Das Kind wird rastlos und das „Geheimnis" wirkt im Herzen wie ein Fremdkörper.

Der altwerdende Mensch, dessen gebrechlicher Körper dem Ich nicht mehr die richtige Behausung bietet, gerät unter Umständen in einen ähnlichen Zustand wie das Kind. Er kann seine Verschwiegenheit — wenn er nicht bewußt gelernt hat, sich innerlich zu beherrschen — nicht mehr länger bewahren. Daher fehlt dem Greis und der Greisin nicht nur meist die Verschwiegenheit, sondern sie zeigen mit zunehmendem Alter eine sich immer mehr geltend machende Geschwätzigkeit. An den Alten empfindet man diese Eigenschaft meistens als sehr peinlich und lästig. Sie geht Hand in Hand mit der Abnahme der Fähigkeit, Gedanken, die von anderen Menschen an den Greis herangebracht werden, richtig aufzunehmen.

Und so taucht die Frage auf, was von der Seelenseite her unternommen werden kann, um den Gedankenwahrnehmungssinn stark und lebendig zu erhalten. Man muß erforschen, auf welche Weise wir die Verschwiegenheit am besten erlernen. Ein Weg wird der sein, zu versuchen, auf die Stille und Verschwiegenheit der äußeren Natur einzugehen. Wer es unternimmt, sich intim mit den Steinen, den Pflanzen und den Tieren zu beschäftigen, der muß selbst Verschwiegenheit und Stille im Umgang mit diesen Reichen pflegen. Er wird nämlich merken, wie diese Welten alle ihr Geheimnis in Verschwiegenheit mit sich führen. Sie geben es unter Umständen sogar gerne preis, wenn der lauschende oder schauende Mensch selbst in liebendem Schweigen sich dem hingibt, was in ihnen lebt. Dann kommt eben die rechte Zeit und der richtige Augenblick, daß die „stumme" Natur ihre Geheimnisse offenbart. In solchen Momenten wird der lebendige Gedanke, der z. B. in jede Pflanze geheimnisvoll hineingesenkt ist, sichtbar werden. So blickte Goethe auf die Pflanzenwelt und ihm enthüllte sich die Idee der Urpflanze; deren Gestalt erstand sichtbar vor ihm. Er konnte sie für Schiller auf einem Blatt Papier hinzeichnen. Aus der innigen Beschäftigung mit den verschiedenen Pflanzen, in einer Art aktiven Schweigsamkeit der Seele, die Goethe besaß, bildete er einen überaus feinfühligen Gedankenwahrnehmungssinn aus. Mit diesem fiel es ihm leicht, die Gedankenströmungen aller Zeiten aufzunehmen, für die von den Menschen seiner Umgebung geäußerten Gedanken ein offenes Ohr zu haben — und sogar zu sehen, was die Blumen ihm sagen wollten.

Für den Erwachsenen ist es also klar, was er zu tun hat, um seinen Gedankensinn zu bilden und immer empfindsamer zu machen: Schweigend, d. h. innerlich ruhend, sich der Natur hinzugeben, um auf den Zeitpunkt zu warten, da der Wind, die Bäume, die Blätter und Blüten, das Meer und die Ströme, die Felsen und Kristalle ihre Geheimnisse aussprechen; dabei wird er gerade an dem so gewaltigen Beispiel der „schweigenden" und der schließlich „redenden" Natur lernen, wie lange er selbst bei seinen eigenen Angelegenheiten wird verschwiegen bleiben müssen und zu welchem Zeitpunkt er den Mund auftun soll. Manchen Leuten wird dies eine harte Arbeit sein; denn um den genannten Grad der berechtigten Verschwiegenheit zu erringen, gehört ein schwerer Kampf mit den Oberflächlichkeiten der Seele, mit den Eitelkeiten, die uns verführen, mit der Ungeduld, die in uns zittert. Im Kinde wird es aber bloß nötig sein, zunächst das Denken richtig zu entfalten. Die abstrakten, von der Natur losgelösten Gedanken sollen abgehalten und ein lebhaftes, von Phantasie erfülltes Denken muß vorgelebt werden.

Nach dem neunten Jahre verändert sich zwar das kindliche Denken, aber erst langsam, mit der Geschlechtsreife, kann das rein mathematische Denken auf aufnahmefähigen Boden gepflanzt werden. Man gewöhne sich, ganz auf eine Naturbetrachtung im goetheanistischen Stile einzugehen, um der kindlichen Denkkraft nicht zu früh eine verhärtende Richtung zu geben. Damit wird die Grundlage für ein Denken vorbereitet, das dem Gedankenwahrnehmungssinn zur heilvollen Entwicklung dient. In den Pubertätsjahren vermag der gute Lehrer gerade die krisenhaften Seelenstimmungen so zu lenken, daß die Eigentümlichkeiten dieser Epoche verwertet werden. Die Neigung, sich besonders abzuschließen, das Bestreben, sich in Geheimnisse zu hüllen, kann gerade dazu verwendet werden, um den jungen Menschen das Wertvolle der Verschwiegenheit zu lehren. Das laute Schwärmen für die Natur oder gar für Menschen, wird man mit dem entsprechenden inneren Takt in ein stilles Betrachten umwandeln.

Eine so gehaltene Erziehung bewirkt, daß in alles Denken ein lebendiges Willenselement eindringen kann, das zur moralischen Handlung anleitet. Wenn auch alles diesbezügliche aus Rudolf Steiners „Philosophie der Freiheit" herauszufinden ist, wird hier aus folgendem Grunde wieder darauf hingewiesen: Ein Gedankensinn, der an einem Denken, wie es hier gemeint und angedeutet wurde, sich entwickelt hat, wird auch ein feines Empfinden für den Moralinhalt der Gedanken haben, die wahrgenommen werden. Diese Möglichkeit hat das Denken einer Naturwissenschaft, wie sie vorwiegend in der Gegenwart gepflegt wird, immer mehr zurückgedrängt. Sie beraubte dadurch die Wissenschaft ihres wahrhaften Zusammenhanges mit der vollen Menschlichkeit. Das klarste Beispiel dafür zeigt sich vorläufig in der sogenannten Atomphysik [5]). Es wurden Dinge gedacht, errechnet, zum Tun verwendet, ohne daß man ernstlich das moralische Moment beachtete. Das sei ja nicht Sache der Naturwissenschaft, sagten die Physiker. Sie konnten dies ganz aufrichtig aussprechen, weil ihr Denken derartig erzogen wurde, daß es losgelöst ist von jenem entscheidenden Willenselement, in dem sich die Moralität des Menschen offenbart. Diese lebt in ihm, sobald er sich nur bewußt wird, daß er sein Denken selbst gestalten, in Freiheit formen kann — und auch in Freiheit benützen darf. Leuchtet damit in der Seele ein Verantwortungsgefühl auf, dann wird auch aus solcher Erkenntnis eine neue Entdeckung den richtigen, d. h. wahrhaft moralischen Weg nehmen. Der moralische Zusammenbruch der Naturwissenschaft war die Grundlage für den moralischen Katastrophenzustand, in den die Welt geraten ist; denn Angst vor den Atomwaffen und der Versuch einer Machtentfaltung mit denselben ist für die Menschheit ein so tiefer Sturz in die Unmoralität, daß alle Seelenstärke aufgeboten werden muß, um die Gegenkräfte aufzurufen, die uns allen wieder aufhelfen.

Eine unrichtige Ausbildung des Denkens hat für die Menschheit im allgemeinen, aber auch für den einzelnen Menschen bedenkliche Folgen. Es muß wieder betont werden, daß selbstredend die Pflege der durch Kino, Radio und Fernsehen entwickelten Unterhaltungsmethoden verheerend auf die Aus-

---

[5]) Sehr aufklärend wirkt diesbezüglich das außerordentlich interessante Buch „Heller als tausend Sonnen" von Robert Jungk.

bildung eines feineren Gedankenwahrnehmungssinnes wirken muß. Zunächst ist schon das Mittel der Kinotechnik allein zerstörend für jede Wahrnehmung. Denn eine wahre Kontinuität von Bewegungen besteht gar nicht auf dem Projektionsschirm, sondern nur eine Folge von einzelnen, in Wahrheit voneinander getrennten Bildern. Die Einheitlichkeit ist wie zerhackt, wenn auch sehr geschickt versucht wird, sie zu wahren. Was sich uns bietet, ist von der echten Lebendigkeit der Natur losgerissen. Damit allein könnte schon ein für allemal festgestellt sein, daß der Film niemals zu einer wahren Kunst aufsteigen kann. Wie genial auch immer ein Schauspieler seine Rolle darstellt, was der Zuschauer empfängt, hat einen zerreißenden Einfluß auf den Gedankensinn. Bei jeder Verfilmung waltet diese Wirkung vor. Man versucht, wenn Shakespeare statt auf der Bühne unglücklicherweise auf der Leinwand gezeigt wird, die Menschen zur Anerkennung einer Pseudokunst zu zwingen. Der Gedankenwahrnehmungssinn erhält dadurch keine wirkliche Speise, kann nur hungern und schwach werden, während die künstlerischen Bühnenvorgänge ihn beleben und tätig erhalten.

Soweit also Kino Technik ist, das heißt eigentlich, aus der technischen Naturwissenschaft entsprungen ist, wirkt es nur störend auf den Gedankensinn. Meist ist aber der Inhalt, den der Film bietet, ebenfalls nur so nebeneinandergestellt, wie es der Funktion des Filmstreifens entspricht. Am echtesten, das heißt also noch am nächsten dem Wesen des Kino als einem Produkt der Technik angepaßt, ist der Disney-Film. Derselbe ist ein so allgemein anerkannter Unsinn, daß der Denksinn nicht einmal in Versuchung kommen kann, etwas für sich empfangen zu wollen.

Aus den vorangehenden Darlegungen wird es klar geworden sein, wieso der Kinobesuch für die Kinder ein großes Unheil anstiftet. Der Gedankensinn büßt dadurch im Laufe der Zeit alles Leben ein; aber auch der Erwachsene erleidet ebenfalls Schaden, wenn der Kinobesuch für ihn zur ständigen Gewohnheit wird.

Natürlich könnte in ganz gleichem Sinne über Radio und Fernsehen gesprochen werden. Dies wird aber unterlassen, um Wiederholungen auszuschalten. Die im modernen Leben auftretende Hast, die auch in vorangehenden Kapiteln Erwähnung fand, wirkt nur zerstörend auf den Gedankensinn; ähnliche Folgen hat der Lärm, der in den Städten von der Straße auf uns eindringt. Das Außer-Acht-Lassen dieses Sinnes unterstützt zweifellos die Entstehungsursache gewisser Krankheiten. Der vernichtete Gedankenwahrnehmungssinn bringt es z. B. mit sich, daß der sogenannte Schizophrene Gedanken anderer so auffaßt, daß er eigentlich gar keinen Sinn mehr darinnen sieht. Die Zusammenhänge werden vom Kranken nicht mehr gefunden, oder höchstens in einem wirren Durcheinander nebeneinander gestellt.

Wie ungeordnetes Denken auch auf das Willensleben Chaos erzeugend wirkt, offenbart sich in der Krankheit der Schizophrenie sehr deutlich. Die gefährlichen Handlungen dieser Seelengestörten zeigen sich gerade darin, daß sie ihren Willen oft so ganz unerwartet betätigen; es besteht häufig kein durchschaubarer Zusammenhang zwischen zwei hintereinander ausgeführten Taten. Wie die Gedanken von jeder Kontrolle — in den schweren Fällen — losgelöst durcheinander wirbeln, entbehren auch die Willensäußerungen meist des Zusammenhanges. Ein fröhlicher Tanz kann z. B. einem selbstmörderischen Sprung aus dem Fenster unmittelbar vorangehen. Das praktische Resultat der an dem Gehirn vorgenommenen drastischen Operation, der sogenannten Leukotomie, bewirkt einen solchen Grad von Willensschwäche, daß die Verbindung des Willenselementes mit der Gedankensphäre unterbunden bleibt.

Hat Rudolf Steiner einmal mehr im allgemeinen darauf hingewiesen, wie nur die richtige Pädagogik den Kampf erfolgreich gegen das gehäufte Auftreten der Schizophrenie aufnehmen kann, so darf hier vielleicht hinzugefügt werden: wenn die Erziehung, unter anderem, die Kräftigung des Gedankenwahrnehmungssinnes in dem früher beschriebenen Sinne erreicht, ist eine Basis für das gesunde Lebenshaus geschaffen, in dem der Mensch als Erdenwesen frei wohnen darf.

Ein schwach ausgebildeter oder geschädigter Gedankensinn braucht sich selbstredend nicht immer in einer so schweren

Krankheit wie einer Schizophrenie zu äußern. Oft zeigen sich bloß gewisse Symptome, die mehr psychologischer oder leicht psychopathologischer Natur sind. Hierher wäre z. B. ein nur deshalb mehr nach innen gerichteter Charakter eines Menschen zu rechnen, weil ihn sein verdorbener Denksinn die Gedanken anderer nicht recht wahrnehmen läßt; dies kann sich unter Umständen zu einer gewissen hypochondrischen Neigung steigern. Auch innere Vereinsamung mag in vielen Fällen ihren Grund in dem Erlahmen des Gedankenwahrnehmungssinnes haben. Man beobachtet dies besonders häufig an dem Verlassenheitsgefühl alter Leute. Es sind aber nicht nur Gesundheitsrücksichten, die uns dazu aufrufen, den Denksinn zu pflegen. Die ganze soziale Lage der Menschheit wird doch davon abhängig, inwieweit Menschen und Völker imstande sind, Gedanken anderer wirklich aufzunehmen und den moralischen Wert der aufgenommenen Gedanken zu empfinden.

XII.

ICHWAHRNEHMUNGSSINN

Unter dem „Ichwahrnehmungssinn" versteht Rudolf Steiner jenen Sinn, der uns befähigt, das Ich eines anderen Menschen wahrzunehmen. Einerseits ist jener Sinn vielleicht derjenige, der die stärksten geistigen Anforderungen an den Träger desselben stellt, andererseits scheint er aber noch der am schwächsten ausgebildete Sinn zu sein. Für ihn haben wir auch nicht einmal andeutungsweise eine körperliche Grundlage.

Immerhin wird man annehmen müssen, daß wir erst dann die Möglichkeit haben werden, die Persönlichkeit eines anderen Wesens innerlich wirklich wahrzunehmen, wenn unser eigenes Ich ein bestimmtes Stadium seiner Erdenentwicklung erreicht hat. Natürlich bleibt es noch rein im Unterbewußten, wenn wir als Kind eine Wahrnehmung von anderen Menschen haben; das wird dann allerdings mehr gefühlsmäßig erlebt. Spontane Ablehnung oder plötzlich aufwallende Zuneigung haben zuweilen — nicht immer — ihren Grund bei Kindern darin, daß sie schon in bestimmter Weise den geistigen Kern von jemanden wirklich empfinden. Das Urbild eines solchen frühen Erkennens ist in dem Neuen Testament einmal angedeutet, aber in solcher Form nur bei besonderen Wesen möglich. Es ist der Augenblick gemeint, da die schwangere Maria der ebenfalls mit einem Kinde gesegneten Anna begegnet; da hüpft das Kind im Leib Elisabeths vor Freude. Warum tut es das und weshalb ist dies ausdrücklich mit den Worten betont: „Und es begab sich, als Elisabeth den Gruß Marias hörte, hüpfte das Kind in ihrem Leib"? Weil, nach Rudolf Steiners Erklärung, das Wesen des Johannes den im Mutterleibe heranwachsenden Jesus geistig erkennt. Dies vollzieht sich in diesem Falle doch nur deshalb, weil das Johanneswesen die tiefe schicksalsmäßige Beziehung und Bindung zu dem anderen Geschöpfe bereits hat. Damit darf vielleicht auf die eine Art der Ichwahrnehmung hingewiesen werden, die wohl schon jedem Menschen einmal begegnet ist; er muß nur darauf hinhorchen. Mancher wird sich auch, vielleicht lange nachher, an ein ähnliches Erlebnis aus seiner Vergangenheit erinnern. Gemeint ist das Zusammentreffen mit einem Menschen, bei dem man sofort wußte, daß einen an den Betreffenden ein altes Schicksal bindet. In dieser Art von „Schicksal" zu sprechen erhält nur einen Sinn, wenn man die Idee der Wiederverkörperung als berechtigt ansieht. Die tiefe Grundlage dafür soll hier nicht auseinandergesetzt werden, da sie von Rudolf Steiner in vielen seiner Schriften gegeben wurde. Um Mißverständnissen zuvorzukommen, sei ausdrücklich betont, daß natürlich jeder Mensch, welcher Ansicht er auch immer huldigt, einen Ichwahrnehmungssinn besitzt; aber die Begründung einer besonderen Wirksamkeit des Sinnes bei bestimmten schicksalshaften Zusammentreffen mancher Menschen, wird man ohne Anerkennung der Lehre von den wiederholten Erdenleben nicht in befriedigender Weise finden können. Unsere gegenwärtige Zeit ist durch ihre in das Materialistische gehende Auffassung aller Wissenschaften dieser Lehre nicht hold und betrachtet eine Annäherung daran als phantastisch. Was für die großen Denker wie Plato oder noch Goethe selbstverständlich war, wird gerne beiseite geschoben.

Die andere Ichwahrnehmung, von der mit derselben Berechtigung gesprochen werden darf, gilt ebenfalls für jeden Menschen. Um dieser zweiten Art näher zu kommen, muß folgendes berücksichtigt werden: Wie schon bemerkt, ist es erst nach einer gewissen Entwicklungsstufe möglich, in mehr bewußter Weise mit dem Ichwahrnehmungssinn die Individualität eines anderen Wesens zu erreichen. Nach einer solchen Menschenauffassung, wie sie Rudolf Steiner gezeigt hat, ergibt es sich klar, daß die Ichkräfte die Seele nicht vor dem einundzwanzigsten Lebensjahr ergreifen können, um dann allmählich für uns frei zu werden. Natürlich dauert es noch eine lange Zeit, ehe dieser Entwicklungsgang seinen Abschluß findet. Erst mit fünfunddreißig Jahren ist es soweit. Bis zu dem Zeitpunkt sollte aber endlich jeder mehr oder weniger die Fähigkeit errungen haben, seinen Ichwahrnehmungssinn voll entfalten zu können. Dies ist selbstredend ein Idealzustand, der wohl erst in einer fernen Zukunft ganz erreicht sein wird; trotzdem sind wir immerhin schon heute auf dem Wege dazu. Es ereignet sich nicht so selten, daß uns irgend eine Wahrnehmung den Ichwahrnehmungssinn plötzlich öffnet. Man kann z. B. einen Menschen schon lange kennen, was im alltäglichen Leben als „Kennen" aufgefaßt wird, und doch begegnet man ihm eines Tages wie zum erstenmal. Da steht er in seiner zwergenhaften Gestalt, mit geballten Fäusten, dem großen Kopf und ganz demütig blickenden Augen vor einem. Der Ichwahrnehmungssinn vermag da auf einmal zu entdecken, was für eine ringende Persönlichkeit diesem körperlich verunstalteten Menschen zu Grunde liegt.

Es kann aber auch der Blick aus den Augen eines Vorübergehenden sein, der dazu führt, in die Individualität eines anderen unterzutauchen, wobei dieser „Andere" keine Ahnung davon zu haben braucht, — oder er fühlt dies vielleicht sogar für einen Augenblick, der wahrscheinlich bald für immer wieder vergessen sein wird.

Das Wirken des Ichwahrnehmungssinnes ist außerordentlich subtil und ist deshalb so schwer festzuhalten oder gar genauer zu beschreiben, weil der eigentliche Vorgang selbst sich doch fast nur im Übersinnlichen abspielt. Eine wahre und frei von allem Dilletantismus betriebene Physiognomik wird zu einer besonderen Hilfe für diesen Sinn. Seine wesentliche Tätigkeit findet in einer Weise statt, die an das Wahrnehmen von Gedanken erinnert. Auch ein Gedanke „leuchtet" plötzlich auf. Bei dem Erfassen der fremden Individualität führt z. B. eine Wortwendung, ein Rümpfen der Nase oder ein Lächeln, das man gerade beobachtet, dazu, das Ich des anderen Menschen blitzartig zu spüren.

Es ist oft leichter zu erklären, was in unseren Seelen vorgeht, wenn man versucht, die negative Seite aufzuzeigen. Warum hat es unsere Zeit immer wieder so schwer, den Menschen an das Ich des anderen Menschen heranzuführen? Dafür gibt es so viele Hindernisse, daß man kaum weiß, womit anzufangen. Zunächst pflegt man schon gewohnheitsmäßig, alles zu verhüllen und zu verbergen, was mit der wirklichen Persönlichkeit zusammenhängt.

In einer Zeit, wo der Mensch noch nicht so weit war, mit dem Bewußtsein des eigenen Ich durch das Leben zu gehen, gab es manche Leute mit einer besonderen Seelenkonfiguration. Wir würden sie gegenwärtig irgendwie für zurückgeblieben betrachten, weil sie gerade nicht fähig waren, den Leib mit ihrer Persönlichkeit gut zu durchdringen. Oft waren sie mißgestaltet, verwachsen und besaßen einen großen Kopf; sie hatten vielleicht verkrüppelte Füße oder zu kurze Arme und fanden infolge ihrer Mißgestalt keinen richtigen Platz in der menschlichen Gesellschaft wie die sonstigen Leute. Aber einige unter ihnen wurden befähigt, gerade weil sie mit ihrem Ich nicht richtig an ihr Eigenwesen herankamen, sich um so leichter mit dem Ichwahrnehmungssinn dem anderen Menschen zu nähern. Dadurch erlangten sie die Fähigkeit zu erkennen, was im Wesenskern eines Mitmenschen arbeitete. Sie vermochten schnell auszusprechen, was sie sahen — was z. B. in einem Fürsten wirklich innerlich lebte. Diese Wahrheiten, die so ein Zwerg äußerte, wurden nicht immer gerne gehört — aber man ließ sich's gefallen; denn immer war es irgendwie belustigend. Weil der „Narr" nicht als voll genommen wurde, hatte er die Erlaubnis, alle Wahrheiten auszusprechen. Um diese zu hören, hielten sich die Leute eines königlichen Hofes ihre Hofnarren. Diese hatten meist einen viel besseren Ichwahrnehmungssinn als ihre Herren — und deshalb hatte man sie auch. Sie wurden sogar zuweilen sehr gut bezahlt. Dies konnte nur in einer Zeit geschehen, wo der Rückfall in eine frühere Geschichtsepoche noch leicht geschehen konnte, weil die kommende gleichsam erst geboren wurde. Der große Geist seiner Zeit, Shakespeare, erkannte auch diesen Moment in dem Entwicklungsgange der Menschheit — und schuf die unübertrefflichen Gestalten der Narren, die in seinen Stücken auftreten.

Die wirklich moderne Zeit, in der wir heute leben, besteht wahrlich nicht bloß in den zahllosen Erfindungen, die versuchen, dem Menschen das Leben so zu gestalten, daß es möglichst bequem und ohne eigene Aktivität verläuft. Denn alles, was durch die Veränderung der Lebensumstände seit Beginn unseres Jahrhunderts geschaffen wurde, hat das eine Ziel, das Leben so angenehm als nur möglich, d. h. untätig zu verbringen. Dies sind Binsenwahrheiten, und doch muß daran erinnert werden, wie sich das äußere Weltbild im Laufe der letzten 50—60 Jahre verändert hat. Künstliches Licht, Wasserzufuhr, Straßenverkehr, Luftverkehr, Wohnungsverhältnisse, medizinische Behandlung, soziale Fürsorge, alles ist dazu angetan, daß ein Individum im Staate es bequem hat. Aber der einzelne braucht infolgedessen viel weniger mit seinem Willen zu arbeiten als vorher. Er darf später aufstehen, weil der Transport schneller geworden ist, er braucht keine Lampe zu putzen, sondern dreht einfach das Licht an; und wie bei einem Gespenst rattelt es in den künstlichen Gebeinen des automatisierten Geschöpfes, das immer mehr Arbeit für uns tun soll. All das ist nicht die „moderne“ Zeit allein, die uns beschieden wurde; auch die Atomphysik mit allen ihren Schrecken, die sie bereits gebracht hat, und die endgültige Waffe einer hilflosen Politik darstellt, auch sie ist nicht die wahre Enthüllung der folgerichtigen, inneren Entwicklung einer heutigen Menschheit. Aber daß jede einzelne Persönlichkeit ihr eigenes Ich erfassen lernt und das des anderen wahrnimmt, das ist unsere wahre Aufgabe, die wir erfüllen müssen. Statt daß wir uns all diese Erfindungen zu Dienerinnen für unser geistiges Ziel machen, wächst die Gefahr bereits ins Unermeßliche, daß wir nur die armen Sklaven einer mechanisierten Welt werden.

Zu den geistigen Waffen gegen einen solchen Übergriff, der unserer menschlichen Bestimmung droht, gehört eine richtige Ausbildung der Sinne, wie sie bisher aufgezeigt wurde. Und in einem ganz besonderen Ausmaße gilt dies von dem letzten der zu besprechenden Sinne, dem Ichwahrnehmungssinn. Seiner Ausbildung stehen allerdings heute ununterbrochen Hemmnisse entgegen. Es sei daher erlaubt, einige aufzuzählen; denn nur wenn man sich fortwährend diese Tatsachen vor Augen hält, kann ein erfolgreicher Kampf gegen all die Verdunkelungen, die sich drohend über unser Bewußtsein breiten, geführt werden.

Es ist schon die geistgemäße Physiognomik erwähnt worden, die ein Werkzeug unseres Ichwahrnehmungssinnes werden kann. Mit anderen Worten heißt dies, daß wir lernen müssen, in den Antlitzen, aber natürlich ebenso in den Bewegungen unserer Mitmenschen, richtig zu lesen. Man kann bei einer gewissen Übung, die aber immer mit einer gewissen selbstlosen Hingabe an den Menschen geschehen muß, viel über das Ich des anderen erfahren. Dies darf allerdings weder in dilletantischer noch einseitiger Weise geschehen; denn niemals soll vergessen werden, wie das Ich allmählich die menschliche Wesenheit tief bis in den physischen Körper durchdringt. Und dieser wird damit im Laufe des Lebens zum Abbild der Geistgestalt. Die größten Porträtisten unter den Malern haben daher immer versucht, aus ihren Modellen, die ihnen saßen, die wahre Individualität auf die Leinwand zu zaubern. Das gilt natürlich von jener Zeit an, in der sich die Persönlichkeit in die Erde voll hereinstellt; also ungefähr seit dem Anfang der sogenannten Neuzeit. Leute, die auf den hervorragenden Porträts von Tizian gemalt werden, beginnen schon ihre Individualität zu verraten. Noch viel stärker zeigt sich dies bei Rembrandt und führt dann bis zu unserer Gegenwart.

Wendet man sich aber von der Kunst unserem alltäglichen Leben zu, so merken wir sofort, wie stark unsere Zeit mit aller Macht die Gesichter der Leute gleichsam verhüllt, sie zu Masken machen will. Dies gilt zunächst im höchsten Ausmaße für die Frauen. Ohne daß von unserem Thema abgewichen werden soll, muß diese Tatsache, die man eine Art Uniformierung der weiblichen Gesichter nennen kann, genauere Beachtung finden. Zunächst sind es die jüngeren Frauen und Mädchen, die sich in dieser gleichmachenden Maskierung zu überbieten scheinen. Die einfache und logische Frage taucht auf: Woher stammt das ideale Vorbild von heute? Nämlich: die glatte Stirn, die großgeöffneten Augen mit dunklen, unnatürlich halbkreisförmig nach oben gerollten Wimpern, strichförmigen, gebogenen Augenbrauen von dunkler Farbe; ferner eine Nase (die man sich zunächst nicht so leicht verändern kann) mit möglichst geblähten Nüstern (was bei einiger Übung selbst von jedem hervorgerufen werden kann); die betonten, rot (oder selbst mit anderen Farben) gefärbten Lippen, die gleichmäßig rosa oder bräunlich angemalte Gesichtshaut, aus der alle Falten möglichst ausgemerzt werden sollen. Dies sei nur kurz in Erinnerung gebracht, von anderen Einzelheiten, wie den lackierten Finger- und Fußnägeln, sei hier abgesehen, wenn auch vielleicht an die Verwandlungen der Haare durch „Dauerwellen" noch erinnert werden sollte. Was durch diese Prozedur herauskommt, ist ein Gesicht, das schließlich und endlich nur möglichst der jeweilig beliebtesten Kinoschönheit gleichen möchte. Obwohl dies ja meist unbewußt oder nur halbbewußt in der Absicht der entsprechenden Mädchen oder Frauen liegt, rührt diese „Schönheitskultur" eben doch nur vom Kino her, macht von dort aus Schule und hat sich fast über die ganze Welt hin verbreitet. Auf diese Weise hilft z. B. das Kino und ebenso das Fernsehen, möglichst zu verschleiern, was andernfalls wie selbstverständlich vom Ichwahrnehmungssinn hereingenommen werden könnte. Es soll nur ja nicht eingewendet werden, daß diese Erscheinungen bloß der Oberfläche der Menschen angehören. Dies ist gar nicht der Fall, denn die nach dem Urbild nachgeahmte Haltung wirkt, bei den Frauen zumindest, auf gewisse Regionen des Seelenlebens zurück; ohne es zu wissen, entfernen sie sich eigentlich damit von ihrem wahren Selbst.

Bei den Männern liegt anderes vor, wodurch es dem Ichsinn schwer gemacht wird, an die Individualität des anderen Menschen heranzukommen. Da ist es die in bestimmten Gruppen waltende Typisierung, die sich in der Physiognomie und in der ganzen Haltung, den einzelnen Berufen und Beschäftigungen entsprechend, bei den Männern herausbildet. Hierzu kommt noch die bedauerliche Tatsache, daß in der heutigen Zeit der Beruf meist gar nicht einmal zum Wesen der Persönlichkeit gehört; denn wieviele Leute finden wirklich eine Beschäftigung, die ihrem Schicksal tatsächlich entspricht? Dies hindert aber nicht, daß z. B. die Leute, wie Richter, Ärzte, Reisende, Verkäufer, Berufssoldaten und viele andere, eine Haltung einnehmen, die sich tief bis in ihren Gesichtern und Bewegungen widerspiegelt. Am ehesten kommt es noch bei Künstlern vor, daß ihre Beschäftigung sich in sie einschreibt und zugleich ihrem innersten Wesen zukommt. Das erleben wir leicht an Musikern. Im allgemeinen ist es aber auch bei Männern schwer, sozusagen von außen her ihre Persönlichkeit zu treffen, sie mit dem Ichwahrnehmungssinn zu erreichen.

Ferner ist zu bemerken, wie doch von so vielen Menschen gar nicht ihr wirkliches Leben dargelebt wird, sondern wie in ihnen ein Drang vorhanden ist, eine mehr oder weniger ausgedachte Rolle vor der Welt zu spielen. Sie sind weder wahr zu sich selbst, noch wahr zu ihrer Umwelt.

All diese Hindernisse hat der Ichsinn bei seiner Betätigung zu überwinden. Das wird dennoch möglich, wenn dieser Sinn es allmählich lernt, sich von den beiden, für ihn ganz besonders bedeutungsvollen Sinnen, Seh- und Gehörsinn, nicht allzu tief täuschen zu lassen. Das kann zweifellos erreicht werden, sobald man weiß, daß bei der Erkenntnis durch den Ichwahrnehmungssinn das eigene Herz immer mitsprechen muß. Daher ist es in vielen Fällen, wo das Schicksal eine bestimmte Bindung zwischen Menschen vorbereitet hat, ganz leicht, den Ichsinn offen zu haben, um mit ihm das andere Ich zu erkennen. Was das Herz ohne egoistischen Beiklang aufnimmt, hilft diesem Sinn.

Jener Major Nagliati, der die Bedeutung der Persönlichkeit und des Talentes in Caruso einfach sehen konnte, ist vielleicht ein treffendes Beispiel dafür, was gemeint ist. Der spätere Sänger, Sohn eines Türhüters und einer Wäscherin, war damals als junger Soldat in der italienischen Armee. Der Offizier erkannte den großen Sänger in seinem Untergebenen, er ließ sein Herz urteilen und tat alles, um Caruso nicht nur einen Lehrer in der Nähe der Garnison zu verschaffen, sondern ihn auch von dem Militärdienst zu befreien, der höchstens schädlich für die Zukunft des nachher so berühmten Mannes sein konnte. Caruso hat es dem Offizier niemals vergessen, obwohl er den Wohltäter aus der Anfangszeit seiner Laufbahn niemals mehr ausfindig machen konnte.

Wie das Erkennen des Ich eines Kindes sich vollziehen kann, lehrt ein Beispiel aus dem Leben Johann Gottlieb Fichtes. Er war der älteste Sohn eines armen Webers in einem sächsischen Dorf. Als der Knabe neun Jahre alt war, kam einmal an einem Sonntag ein Adeliger zu spät in die Kirche und versäumte die Predigt. Als er seine Enttäuschung äußerte, versicherte man ihm, der kleine Junge könnte ihm die Predigt mit größter Genauigkeit wiederholen. Der vornehme Mann war so beeindruckt von dem Berichte Johann Gottliebs und seinem ganzen Wesen, daß er von jenem Zeitpunkte an bis zu seinem Tode für die Erziehung des jungen Fichte sorgte. So etwas konnte wohl nur geschehen, weil jener Mann mit seinem Ichwahrnehmungssinn liebevoll auf das Kind eingegangen war — und seine Persönlichkeit erkannte.

Es wird eine große Hilfe für das Arbeiten des Ichwahrnehmungssinnes bedeuten, sich an solche Ereignisse seines eigenen Lebens zu erinnern. Man vermag dadurch leichter nachzuspüren, wie dieser Sinn wirkt. Seine Wichtigkeit wird einem dadurch ganz offenbar, aber auch die Schwierigkeit, ihn zu beschreiben, da sich doch die wirkliche Funktion noch viel mehr im Unsichtbaren, Übersinnlichen abspielt als bei den meisten der bisher behandelten Sinne. Die Verborgenheit des Ich eines anderen Menschen zeigt sich oft auch in ganz anderer Weise. Es wurde darauf hingewiesen, wie das Leben im Alltag das Wesen einer Persönlichkeit so außerordentlich verdunkeln kann, daß man ihr mit seinem Ichsinn nur sehr schwer begegnet. Aber mancher wird schon erlebt haben, wie die Unnahbarkeit vielleicht plötzlich weicht. Dies tritt ein, wenn z. B. ein tiefes Schmerzerlebnis die Seele eines Menschen, der einem in seinem wahren Wesen bisher immer wieder entschlüpft war, betroffen hat. Es kann auch eine plötzlich eintretende Krankheit sein, die den Patienten für Zeiten so verändert, daß es z. B. dem Ichsinn eines Arztes gelingt, das Ich des Kranken gleichsam zu berühren. In einem solchen Falle wird es auch leichter, wirklich helfend einzugreifen. Es ist aber verständlich, wie hier wieder das Fühlen des Herzens beim sich Vortasten des Ichwahrnehmungssinnes unmittelbar mitwirken muß. Auch ein Lehrer, der mit einem Schüler große Schwierigkeiten hat, weil der Knabe immer Widerstand leistet, nicht tut, was ihm gesagt wird, kann erleben, wie sein Zögling von ihm eines Tages erkannt werden konnte, als eine schmerzhafte Krisis im Kinde ihn hinter die Verdunkelungen der Seele blicken ließ. Da ist eben auch der Ichwahrnehmungssinn des Lehrers beteiligt.

Ganz besonders eindrucksvoll wird es aber sein, wenn wir die folgende Erfahrung machen: durch all die Schleier, die im gewöhnlichen Leben das wahre Wesen eines Menschen verhüllen, sind wir immer wieder gehindert worden, an das Ich des anderen heranzutreten. Da stirbt der Mensch und plötzlich ändert sich wie mit einem Schlage unser Verhältnis. Wir beurteilen den Toten ganz anders, gewinnen eine andere Beziehung zu ihm, und sehen auf einmal durch die dunklen Hüllen durch, die uns vorher die Aussicht verdeckten. Es kann auch geschehen, daß uns ein solches Wesen im Traume erscheint und man sogar beglückt ist, sehen zu dürfen, was vorher verborgen war, nämlich das wahre Ich des Menschen.

Diese Art von Erlebnissen wird immer wieder beschrieben. Wenn man lernt, gewisse Illusionen oder Sentimentalitäten, die manchmal auch auftreten können, zu erkennen, wird der wahre Kern solcher Bilder leicht festzustellen sein.

Im Laufe des Lebens kann sich auch dieser Sinn für die Wahrnehmung der Persönlichkeit des anderen Menschen verstärken und entwickeln. Dies tritt ein, wenn man versucht, in liebevoller Art die Schicksale der Leute, denen man begegnet, durch lange Zeit hindurch zu verfolgen. Dies wird z. B. ein Lehrer, der sich wirklich mit seinen Schülern verbunden fühlt, erleben. Natürlich muß er versuchen zu verfolgen, wie sich das Leben seiner Schüler im Laufe vieler Jahre gestaltet, lange nachdem sie aus der Schule entlassen wurden. Er wird aber ein möglichst lebhaftes Bild des Schülers in seiner Seele tragen müssen, um dann die Wandlung bis zum voll Erwachsenen sich klar vor Augen zu führen; natürlich soll dies der Lehrer eben mit Hinblick auf die Individualität des betreffenden Schülers tun. Er kann z. B. einen Knaben unterrichtet haben, dessen stilles Wesen, dessen niedergeschlagene Augen, dessen gute Intelligenz, seine ausgezeichneten Aufsätze, große Hoffnungen für die Zukunft erweckten. Im Verfolg des Lebenslaufes des Schülers ergibt sich, wie der Junge weiter lernt, den Umgang mit verschiedenen jungen Leuten liebt und mit einer Reihe von Mädchen in Liebschaften verwickelt wird. Er besucht eine Hochschule, erzielt einige Erfolge. aber nichts Entscheidendes geschieht. Schließlich wird er ein kleiner Beamter, der seine Vorgesetzten meist kopiert. Der Lehrer, der solche Entwicklungen von Schülern beobachtet, erinnert sich, mit Verwunderung, wie er die Persönlichkeit jenes Schülers nicht ganz richtig gesehen hat; denn alles, was er in der Schule bemerkt hatte, war doch nur Hülle einer im Grunde schwachen Persönlichkeit. Vieles war nur Nachahmung von Gelesenem, von gesehenen Tatsachen und die niedergeschlagenen Augen waren halbbewußt gespielt. — Im nachträglichen Bilde, das der Lehrer sich vor Augen führt, kann er entdecken, wie sein Ichwahrnehmungssinn nicht hell genug gewesen ist; und er wird dadurch vieles für die Zukunft lernen, um seine Schüler besser zu durchschauen.

Von seiten des Erziehers taucht das Problem vor allem auf: was können wir tun, um unseren Kindern die Möglichkeit zu geben, einen gesunden und guten Ichwahrnehmungssinn zu entwickeln? Bei dem Versuch einer Beantwortung solcher Fragen muß, wenigstens im großen, ein Unterschied je nach dem Alter der Kinder gemacht werden. Bis zum siebenten Jahre etwa ist es für ein Kind ganz besonders wichtig, die aufrichtig wärmende Liebe der Menschen seiner Umwelt zu empfangen. Damit kann ein Keim gelegt werden für einen Ichwahrnehmungssinn, der sich in späteren Jahren besonders gut dem anderen Menschen nähert. Warum dies so ist? Weil der Sinn die beste Entwicklungsgrundlage empfängt, wenn von früh auf, mit Schutz und Liebe die wahre Wesenheit eines Menschen das Kind umgibt. Aber gerade in der Art, wie z. B. ein Erwachsener seine Zuneigung dem Kind entgegenbringt, leuchtet außerordentlich viel von der inneren Persönlichkeit auf. Auf diese Weise macht ein Kind schon frühzeitig die Bekanntschaft mit einer menschlichen Individualität. Es wird von großem Vorteil für das Kind sein, wenn es so etwas an der Mutter oder dem Vater, oder an beiden erlebt. Im Kinde bildet sich dadurch langsam ein gewaltiges Vertrauen zu den Personen aus, deren wahres Wesen das Kind in sich aufnimmt. Wollte man an ein historisches Beispiel erinnern, um das hier Vorgebrachte zu illustrieren, so brauchte bloß an die besonders warmlebendige und liebevolle Mutter Goethes erinnert zu werden. Ihre ganze Eigenart und Liebe zu den Kindern wurde von diesen in frühester Zeit empfangen — und hat für später sehr wichtige Früchte gezeitigt. Und wenn Goethe im reifen Alter einen so wunderbar erkennenden Blick für die Persönlichkeit der anderen Menschen besaß, so mag er manches dem Wesen seiner Mutter verdanken; durch die warme Hingabe an ihre Kinder hat sie wahrscheinlich dem Ichwahrnehmungssinn ihres Sohnes manche Hilfe erwiesen. Das felsenfeste Vertrauen, das ein junges Kind zu einem Erwachsenen findet, verleiht eine Kraft und Stärke in dem Sinn für das ganze spätere Leben.

Nach dem siebenten Jahre spielt noch anderes eine Rolle, das Bedeutung für die Entwicklung des Ichsinnes gewinnt. Jetzt wird es wichtig, daß der Knabe oder das Mädchen die Erfahrung macht, ein anderer Mensch erfaßt, sagen wir in seiner Weisheit, etwas von dem persönlichen Wesen des Kindes. Ein Junge fühlt, z. B. genau, wie sich in ihm eine ganz besondere Begabung meldet, sein ganzes Herz hängt daran. Aber es ist noch irgendwie in ihm verborgen. Da trifft er auf einen alten Menschen, der ihn liebt und betroffen eine Zeichnung anschaut, die das Kind gemacht hat. Der Alte erkennt blitzartig das Talent und sagt: „Ah, bei Gott! Aus dem Bub kann was werden." Und Ludwig Richter, dem dies mit zwölf Jahren passierte, als sein Vater ihn aufforderte, ein Bild dem alten Professor Zingg zu zeigen, fügt hinzu: „Es gibt ‚geflügelte' Worte, die wie ein Blitz treffen und zünden, oder auch wie ein Samenkorn in die empfängliche Frühlingserde fallen und darin lebendig fortwirken, und von letzterer Art war mir das Prognostikon meines Herrn Paten; es feuerte mich mächtig an, und ich arbeitete unablässig weiter [1])." Zu erleben in den Jahren der Schülerschaft, daß jemand erkennt, was so ganz mit dem Ich des Schülers selbst verknüpft ist, wird

---

[1]) „Lebenserinnerungen eines deutschen Malers." Selbstbiographie nebst Tagebuchniederschriften und Briefen von Ludwig Richter. Her. Heinrich Richter, Verl. Joh. Alt Frankfurt a. M. 1897.

diesem Schüler einmal zu dem Segen werden, auch von sich aus das Wesentliche im anderen ertasten zu können.

Es hat den größten Einfluß, wenn ein Kind zwischen 7 und 14 Jahren nicht nur seinen Klassenlehrer wirklich liebt, sondern auch das Gefühl hat: der schaut direkt in mein Herz, der weiß, was ich bin, ob ich mich nun einmal gut oder schlecht benehme. Hat ein Kind dieses Vertrauen gewonnen, dann beginnt etwa mit elf Jahren oder selbst vorher noch ein ganz anderer Vorgang. Das Kind fängt auch an, seine Freunde in der Klasse und allmählich alle seine Mitschüler in der Art zu sehen, wie es der verständnisvolle Lehrer tut. Das heißt mit anderen Worten, daß der eigene Ichwahrnehmungssinn des Kindes sich langsam an dem Ichsinn seines Lehrers emporarbeitet und ausbildet. Beurteilt aber der Pädagoge andere falsch, und bemerkt der Knabe oder das Mädchen den Irrtum, so bedeutet diese Erkenntnis für das beobachtende Kind einen harten Schlag. Ein Lehrer hält z. B. einen Jungen für verstockt und dumm, der beobachtende Schüler jedoch weiß das Gegenteil. Damit verliert der Lehrer das Vertrauen des Kindes und entzieht demselben die Unterstützung für die Entfaltung seines Ichwahrnehmungssinnes. So ist wohl klar darauf hingewiesen, was bis zum vierzehnten Jahre für den Menschen getan werden kann, damit sich sein Ichsinn in späterer Zeit natürlich und frei entfalten wird.

Es bleibt noch die Frage, was nachher, also von der Pubertät an bis zum Ende der Schule, in derselben Richtung wirkt. Aus dem Unterrichte muß im jungen Menschen ein wirklich soziales Interesse geweckt werden. Dieses soziale Interesse müßte an dem Leben bedeutender, historisch wirksamer Menschen gezeigt werden. Die Liebe zum wirklich Guten in der Welt sollte erwachen und ein brennendes Bedürfnis, die richtigen Menschen zu finden, müßte in den Jungen und den Mädchen leben. Die Pflege und ein Verständnis für die dramatische Kunst ist auch von der hier dargestellten Seite der Sinnesentwicklung von Wichtigkeit. Nach zwei Richtungen wirkt hierbei der wohltätige Einfluß auf den Ichsinn. Einerseits wird der junge Mensch beim Studium der Dramen erkennen, was in den Seelen der verschiedenen Helden lebt; andererseits lernen die heranwachsenden Kinder bei der eigenen Darstellung der Rollen, sich ganz in den Charakter anderer Menschen einzuleben.

In dieser Weise ist es wohl möglich, einen Weg zu weisen, der für das Wachstum des Ichwahrnehmungssinnes günstig sein kann, bis die jüngeren Menschen vom zwanzigsten Jahre an ihr eigenes Ich voll entwickeln dürfen. Nach dieser Zeit, also etwa vom einundzwanzigsten Jahre an, werden wir durch aufmerksames Eingehen darauf, wie sich die anderen Menschen in ihrem Denken, Fühlen und Wollen darleben, lernen, die Persönlichkeiten mit unserem Ichsinn zu ertasten. Je mehr wir dies vermögen, um so mehr haben wir eigentlich uns selbst zu vergessen. Das allein wird nicht einmal genügen; wir müssen vielmehr noch eine besondere Seelenfähigkeit erwerben. Durch diese wird es leichter für den Sinn werden, zu erkennen, was der andere wirklich ist.

Die Eigenschaft des Großmutes gehört wirklich zu einem gut entwickelten Ichwahrnehmungssinn. In einer wunderbar dramatischen, menschlichen und an das Herz rührenden Art hat einmal Strindberg einen Weg gefunden, die Großmut darzustellen. In seinem Jahresfestspiel „Ostern“ kommt ein Mann vor, Lindguist, dem eine Familie ganz verschuldet ist. Der Vater hatte Mündelgelder verschleudert, mußte ins Gefängnis, starb. Lindguist hätte das Recht, alles Eigentum wegzunehmen. In Großmut verzichtet er. (Alles nähere kann ja in dem Stück nachgelesen werden.) Hier kommt es uns nur darauf an, zu zeigen, daß ein Künstler, wie der Dramatiker Strindberg, ganz wahr auch in dem von uns vorgebrachten Zusammenhange, dichten muß. In wirklich großmütiger Weise verzichtet Lindguist auf seine Forderung und gibt der Familie ihre Freiheit zurück. Dieser Mensch ist so dargestellt, daß wir merken, er kennt und durchschaut die anderen Menschen. Er durchschaut den lächerlichen Stolz des Sohnes, er versteht die Frau und die übrigen Leute ganz selbstverständlich, aber er hat auch seinerzeit den Vater, der alles Elend über die Familie gebracht hat, verstanden und eine gewisse menschliche Güte an ihm erkannt, trotz der großen menschlichen Schwächen. Der Dichter hat jedenfalls mit Klarheit, ob bewußt oder in träumender Phantasie, den inneren Zusammenhang zwischen Erkenntnis der anderen Persönlichkeit und Großmut des Erkennenden, in seltener Weise gefunden. Strindberg deutet auch auf die gegenteilige Eigenschaft der Seele hin. Die arme Frau spricht es aus, was ihren Mann zu seinem Verbrechen verleitet hat; der Sohn fragt, warum der Vater fiel, und sie antwortet darauf: „Aus Hochmut, wie wir alle[2])!“ Während eben der Hochmütige die Umwelt immer nur in Beziehung zu sich selbst betrachten kann und sich in egoistischer Weise über die anderen Menschen stellt, tut der Großmütige das volle Gegenteil: er sieht nur die Notwendigkeit für die Umwelt und stellt in seiner Selbstlosigkeit sein eigenes Wesen ganz in den Hintergrund. Großmut üben gehört gleichzeitig zur stärksten Tat, die ein Mensch in Bewußtheit vollführt. Die geistige Substanz des Menschen drückt sich da bis in den Willen verkörpert ganz stark aus. In der Großmut opfert jemand etwas von sich selbst — aber vom Geiste her betrachtet steht er erst recht wieder auf in seinem wahren Wesen. Es ist eine höchste Tat der Freiheit, die zu einer geistigen Auferstehung führt. Und hier, in dem Drama, sieht man auch in die Größe eines Dichters; denn Strindberg hat nicht von ungefähr sein, äußerlich gesehen, einfaches Drama „Ostern“ genannt. Die Tat des Christus, die sich zu Ostern offenbart, gibt dem Menschen die Möglichkeit einer geistigen Auferstehung durch Entfaltung von Großmut in seiner Seele. Da wird er zum wahren Menschen, der sein Menschtum erfüllt. So kann sich wirkliches Christentum verkörpern.

Dadurch wird es aber auch klar, daß für den sich gesund auswirkenden Ichwahrnehmungssinn die wahre geistige Liebe gehört, die der wesentliche Inhalt der christlichen Lehre ist. Es fügt sich wie selbstverständlich, daß dieser zuletzt behandelte Sinn einerseits unter den Sinnen einen Gipfelpunkt in der Entwicklung bedeutet, aber andererseits noch am wenigsten ausgebildet und kaum greifbar ist.

---

2) „Ostern“ ein Passionsspiel von August Strindberg.

REGISTER

C

D

E

F

G

H

M

N

O

P

R

S

T

INHALT